초단기
다이이아몬드 되는
10가지 비법

네트워크 마케팅 현직 **다이아몬드 2관왕**이 밝히는

초단기
다이아몬드 되는
10가지 비법

김유신, 김연선, 박민숙 지음

들어가며

네트워크 마케팅 사업
현직 다이아몬드 2관왕이 말하다

안녕하세요. 김유신입니다.

사람들과 즐겁게 함께하다 보니 어느새 제가 네트워크 마케팅 업계에 입문한 지 2년 6개월이라는 시간이 흘렀네요. 이전까지만 해도 저는 네트워크 마케팅 사업이라면 죄다 '불법 다단계', '불법 피라미드'인 줄로만 알고 살았는데 옛 직장 상사의 권유로 우연히 사업을 시작하고 6개월 반 만에 다이아몬드 직급자로 승급했습니다. 그것을 계기로 그때까지 제가 겪은 시행착오와 경험을 밑천 삼아 유튜브에서 '왕초보 네트워크 마케터를 위한 성공 가이드 채널-유신TV'를 만들어 운영하기 시작했지요.

네트워크 마케터로서 매일의 시행착오를 강의로 제작하다 보니 벌써 300강 넘게 강의를 진행했습니다. 덕분에 이 원고를 쓰는 시점을 기준으로 구독자 6,000명에 100만 조회수를 자랑하는 네트워크 마케팅 1등 채널로 거듭나게 되었습니다.

이후 저는 회사 문제로 2년간 정들었던 첫 네트워크 마케팅 사업을 떠나 새로운 사업을 선택한 지 3개월 27일 만에 다시 다이아몬드 직급자로 승급하며 다이아몬드 2관왕에 올랐습니다. 정말 많은 사람들이 제게 묻더군요.

"다른 사람들은 평생 사업을 해도 성취하기 힘든 다이아몬드 직급을 어떻게 두 번이나 그것도 초단기로 성취한 것입니까?"

사실 저는 네트워크 마케팅 사업을 전혀 모르고 이 업계에 뛰어든 것입니다. 이 사업이 처음이다 보니 완전 초보자 입장에서 사업을 기본부터 들여다보았지요. 그것이 오히려 장점으로 작용했는지 다른 사람들이 10년 이상 투자해야 경험하는 많은 시행착오를 아주 짧은 시간 내에 소화해냈습니다.

무엇보다 2년 반 동안 하루에 8시간에서 10시간 이상을 쉼 없이 매일 투자했고 지금까지 4,000건 넘는 미팅을 진행했습니다. 또 대한민국에서 성공했다는 각 네트워크 마케팅 회사의 최고직급자를 100명 이상 만났지요. 그것은 제게 단순한 만남이 아니라 대한민국 네트워크 마케팅 130개 업체의 사업 내용과 보상플랜을 분석하고 공부하는 과정이었습니다. 그 결과물은 다음에 출간할 책과 '유신TV'에서 강의로 열심히 제작 중입니다.

도서 역시 제가 이 사업을 더 깊이 이해하는 데 많은 도움을 주었습니다. 이를 위해 저는 대한민국에서 출간한 네트워크 마케팅 관련 서적 70권과 아마존에서 구입한 미국판 서적 50권 이상을 집중 분석했습니다.

특히 저는 성공하는 네트워크 마케터와 실패하는 네트워크 마케터의 유형과 패턴을 분석했고 그것을 실전에 접목해 나날이 발전하고 있습니다. 아직은 사업에 몸담은 경력이 짧지만 '월 500만 원 소득을 꾸준히 만드는 네트워크 마케터 1만 명'을 양성하겠다는 목표 아래 오늘도 1명의 사업자이자 멘토로서 제 영역을 키워가고 있습니다.

대한민국에는 자칭 네트워크 마케팅 전문가가 아주 많습니다. 하지만 그들 중에는 네트워크 마케팅 사업을 실제로 해본 경험이 없거나 소위 성공자 위치까지 오르지 못한 채 네트워크 마케팅 사업을 수박 겉핥기식으로만 아는 사람이 많습니다. 그들이 제시하는 이론도 딱 그 수준입니다. 그 탓에 왕초보 네트워크 마케터들이 혼란스러워하는 경우가 많은데 저는 그것이 굉장히 안타깝습니다.

저는 네트워크 마케팅 이론가가 아닙니다. 여러분과 마찬가지로 매일 네트워크 마케터로서 열심히 사업을 펼치고 있는 사업자입니다. 다행히 사업의 맥을 잘 짚어 두 번의 사업에서 네트워크 마케팅 사업의 꽃이라 할 수 있는 다이아몬드 직급을 가장 빨리 성취하고 이를 유지함으로써 성공자 반열로 향하고 있는 상위 1퍼센트 내의 엘리트 네트워크 마케터이기도 합니다.

이 책은 제가 네트워크 마케팅 사업을 진행하면서 엘리트 코스로 단기간 내에 다이아몬드 직급을 성취한 노하우를 정리한 것입니다. 그런 의미에서 **빠른 시간 내에** 다이아몬드 직급을 성취하고자 하는 사업자에게 강력히 추천합니다. 이 책을 읽는 모든 분과 함께 네트워크 마케팅 성공자로서 정상에서 뵙기를 기대합니다.

들어가며 / 네트워크 마케팅 사업 현직 다이아몬드 2관왕이 말하다 ········ 08

제1장
2년 6개월간의 네트워크 마케팅 스토리 ········ 14
1. 네트워크 마케터가 돈을 못 버는 가장 큰 이유 ········ 15
2. 다이아몬드 2관왕의 10가지 노하우 ········ 18

제2장
왜 다이아몬드 직급자가 되어야 하는가? ········ 21
1. 다이아몬드 직급자가 누리는 삶 ········ 22
2. 다이아몬드 승급 조건 ········ 26

제3장
초단기 다이아몬드 승급 비법 10가지 ········ 29
1. **비법 1** 방문판매와 네트워크 마케팅 사업의 차이를 인지한다 ········ 30
2. **비법 2** 파트너 사장들의 막연함을 해결해준다 ········ 41
3. **비법 3** 남의 힘을 빌려 사업하라 ········ 60
4. **비법 4** 사업자를 중심으로 공략해 네트워크를 만들자 ········ 68
5. **비법 5** 사업자 패키지 구매는 필수다 ········ 72

6. **비법 6** 1명의 리더에게 의존하지 말자 77
   적어도 8명 이상의 리더가 필요하다
7. **비법 7** 타이밍을 감지했을 때 반드시 직급을 달성하자 84
8. **비법 8** 미팅 횟수를 철저히 관리한다 88
9. **비법 9** 회사 프로모션을 적극 활용한다 92
10. **비법 10** 무조건 리더를 영입한다 95

제4장
기본으로 돌아가라 104

1. 진짜 다이아몬드 vs. 깡통 다이아몬드 105
2. 결국에는 개인 브랜드가 결정한다 110

마치며 / 지극히 현실적으로 다이아몬드 승급을 앞당겨주는 책 120

1장

2년 6개월간의 네트워크 마케팅 스토리

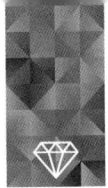

01
네트워크 마케터가 돈을 못 버는 가장 큰 이유

저는 교육 회사에서 13년 넘게 근무한 뒤 작지만 제 교육 회사를 차려 6년째 운영 중에 있습니다. 2017년 4월 당시 전 직장 상사가 네트워크 마케팅 회사 설립을 준비했는데 그 사업을 도와주다가 우연히 사업자의 길로 들어섰습니다. 초창기 회사다 보니 회원번호 163번으로 레그 최상단(모두가 잘 아는 피라미드 그림의 꼭대기)에 올라갔고 덕분에 다른 사업자보다 승급 조건이 유리했습니다.

그때 저는 바이너리 보상플랜을 기반으로 한 네트워크 마케팅 사업은 양쪽에 2명의 사업자만 제대로 찾으면 게임이 끝난다는 선배 사업자의 말을 듣고 사업자 리크루팅에 열을 올렸습니다. 아는 인맥, 모르는 인맥 모두 탈탈 털어 사업자 만들기에 집중했고 결국 두 달 만에 중간 직급인 '루비'까지 빠르게 도달했습니다. '월화수목금금금'이라는 말처럼 일주일 내내 하루 10시간 이상을 사업에 투입했지요. 새로 산 자동차가 5개월 만에 10만 킬로미터를 달렸으니 제가 얼마나 열정적으로 사업을 했는지 감이 올 겁니다.

다이아몬드 승급이 바로 눈앞에 보이는 듯했습니다. 그러나 이후 3개월 동안 저는 승급을 전혀 이루지 못했습니다. 저와 함께 사업을 시작한 많은 사업자가 다이아몬드 이상의 핀을 달고 승급 무대에 서는 상황에서 저만 덩그러니 루비에 머물러 있으니 자존심도 상하고 자괴감도 들었습니다.

그래서 더욱더 사업에 열을 올리고 더 많은 시간을 투자했지만 결과는 나아지지 않았습니다. 아니, 오히려 매출이 줄어들고 이탈자까지 발생했습니다.

5개월 차에 접어들면서 '이런 식으로는 안 되겠다' 싶어 대한민국에 나와 있는 네트워크 마케팅 도서를 모두 구매해 15일간 정독했습니다. 저한테 어떤 문제가 있는지 알아야 해결책도 찾아낼 수 있을 테니까요. 아뿔싸, 알고 보니 저는 이 사업이 산하 사업자를 키워 사업자를 만들게 하고 이로써 사업을 키워가는 팀 비즈니스라는 것을 제대로 인식하지 못한 것이었습니다. 기본을 모르고 무작정 물건을 파는 '방문판매' 사업 방식에 올인했던 것입니다.

이후로 저는 사업 스타일을 180도 바꿔 사업자 복제가 가능한 '시스템' 만들기에 집중했습니다. 그 결과 한 달 만에 에메랄드를 지나 다이아몬드 승급까지 이뤄냈습니다.

제가 알아낸 것은 그것뿐이 아닙니다. 네트워크 마케터 중 상당수가 돈을 벌지 못하고 있다는 것과 돈을 못 버는 가장 큰 이유가 네트워크 마케팅 사업의 본질을 이해하지 못한 채 저처럼 물건을 파는 '방문판매' 사업을 하기 때문이라는 것도 알게 되었습니다.

이것이 안타까웠던 저는 유튜브에 '유신TV'를 개국하고 제가 매일 시행착오로 겪은 이야기를 영상에 담기 시작했습니다. 다행히 많은 사람들이 제 노력에 호응해주어 '유신TV'는 네트워크 마케팅 No.1 채널로 성장했습니다. 그 후 출판사의 제의를 받아 제 첫 책 《네트워크 마케팅 성공 바이블》을 출간했고 이것 역시 경제·경영서 베스트셀러에 올랐습니다.

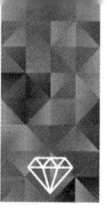

02
다이아몬드 2관왕의 10가지 노하우

사업을 시작한 지 1년 8개월이 지난 뒤 저는 생각지도 못한 위기 상황에 놓였습니다. 회사가 경영난을 겪으면서 제가 속해 있던 그룹에서 많은 리더가 떠나버린 것입니다. 회사 자체가 흔들리는 상황이라 저도 어쩔 수 없이 다른 회사를 선택할 수밖에 없었습니다.

그때 저는 네트워크 마케팅 사업은 내 문제가 아닌 회사 문제로도 그동안 쌓아온 멤버십과 노력이 한순간에 물거품이 될 수 있음을 깨달았습니다. 회사 선택이 얼마나 중요한 일인지 그런 우여곡절을 겪고 나서야 알게 된 것입니다.

저는 '첫사랑'은 사람 하나만 보고 선택하지만 평생 함께할 '결혼상대'는 여러 가지를 고려해 제대로 선택해야 한다는 생각으로 숱한 미팅에 나섰습니다. 많은 회사의 대표와 최고직급자들을 만나보고 2개월 넘는 고민 끝에 현재의 회사를 선택했지요.

회사 '선택' 이후에는 다른 고민이 이어졌습니다.

1년 8개월간 만들어놓은 수많은 멤버십, 소득을 버리고 새로운 환경에서 성공할 수 있을까? 내가 유신TV에서 지금까지 이야기해온 내용이 다른 회사에도 적용할 수 있는 객관적인 것일까?

더구나 새로 선택한 회사는 설립 4년 차였고 2018년 매출 기준으로 업계 9위였습니다. 이전 회사와 비교가 되지 않을 만큼 규모가 큰데다 곤란하게도 다이아몬드 승급 매출이 이전 회사의 2배였습니다. 다시 말해 이전 회사에서 더블다이아몬드 정도의 매출을 4주 안에 만들어야 다이아몬드 직급자가 될 수 있는 구조였습니다.

많은 두려움이 있었지만 어쨌거나 주사위는 던져진 상태였습니다. 저는 지난 1년 8개월간 치열하게 살아온 저 자신을 믿고 열심히 달렸습니다. 무엇보다 유신TV에서 공개한 많은 노하우를 그대로 적용했습니다.

첫 달은 골드(3번째 직급)로 마감하고 둘째 달은 사파이어(4번째 직급)로 마감하면서 속도가 붙지 않았습니다. 그렇지만 저는 제가 생각하는 네트워크 마케팅 사업의 본질을 활용해 계속 달렸고 사업 시작 3개월 27일 만에 루비, 에메랄드를 거쳐 곧바로 다이아몬드까지 승급했습니다. 회사 창립 이래 초단기 다이아몬드 타이틀을 거머쥔 것입니다.

많은 사람들이 제게 묻습니다.

"그토록 빨리 다이아몬드 승급을 이룬 비결이 무엇입니까?"

제가 2년 반 동안 다이아몬드 2관왕에 오르면서 깨달은 노하우는 10가지로 요약할 수 있습니다. 어쩌면 그것은 가장 원론적인 것인지도 모릅니다. 물론 그 10가지 노하우를 적용할 때는 개인의 경력과 역량에 따라 결과에 차이가 있겠지만 분명 다이아몬드 직급으로 가는 데 큰 도움을 줄 것입니다.

2장
왜 다이아몬드 직급자가 되어야 하는가?

01
다이아몬드 직급자가 누리는 삶

 대한민국 네트워크 마케팅 사업에 가입한 멤버십 수는 약 900만 명이고 이들 중 수당을 받는 사업자는 100만 명 정도입니다. 그중 0.1퍼센트, 즉 1,000명 정도가 다이아몬드 직급자입니다. 네트워크 마케터 상위 0.1퍼센트에게만 해당되는 영광스러운 자리가 바로 다이아몬드 직급입니다. 그래서 다이아몬드 직급을 '네트워크 마케팅 사업의 꽃'이라고도 부릅니다. 지금도 수많은 네트워크 마케터가 다이아몬드 직급을 목표로 열정을 불태우며 뛰어다니는 이유가 여기에 있습니다.

 사람들은 왜 그렇게 다이아몬드 직급자가 되고 싶어 하는 걸까요? 그 이유를 본격적으로 알아봅시다. 아래 표는 바이너리 보상플랜을 기반으로 하는 회사의 직급별 매출과 소득 평균을 나타낸 것입니다.

바이너리 보상플랜을 기반으로 한 직급별 매출과 월 소득

직급	산하 4주 합산 매출	월 소득
첫 직급(스탭, 브론즈)	800~1,000만 원	50~90만 원
두 번째 직급(실버)	1,000~1,800만 원	110~150만 원
세 번째 직급(골드)	1,800~3,500만 원	200~290만 원
네 번째 직급(루비, 플래티늄, 사파이어)	3,500~7,000만 원	380~450만 원
다섯 번째 직급(에메랄드)	1억~1.5억 원	780~980만 원
다이아몬드 직급	2.4억~10억 원	1,200만 원~1억 원
크라운 직급	10~40억 원	최소 1억 원 이상

네트워크 마케팅 사업에서 상위 0.1퍼센트에 해당하는 다이아몬드 직급이란 일종의 '성공한 리더'라는 증표입니다. 네트워크 마케팅 사업을 처음 접하는 사람에게는 생소하겠지만 다이아몬드 직급자는 대기업 임원에 해당합니다. 다이아몬드 직급의 위상이 그 정도라는 얘기입니다.

대기업 임원이면 수억 원의 연봉과 함께 회사에서 제공하는 많은 혜택과 그에 걸맞은 명예를 누립니다. 마찬가지로 네트워크 마케팅 사업에서도 다이아몬드 직급은 그에 상응하는 대가를 받습니다.

우선 월 소득이 1,000만 원을 훌쩍 넘어갑니다. 물론 비수기, 성수기에 따라 조금 변화가 생기기도 하지만 연평균을 내보면 기본적으로 1억 이상 소득을 올립니다. 또 회사에 따라 다르긴 해도 소득 외에 다음과 같이 추가 혜택을 받습니다.

- ♥ 화려한 승급식
- ♥ 회사 행사(컨벤션, 리더십 세미나) 시 VIP 지정 좌석 부여
- ♥ VIP 회사 공식행사 참석 기회 부여
- ♥ 차량 또는 차량 렌털비용 제공(국산차 위주)
- ♥ 해외여행 무료 자격 부여
- ♥ 회사 내 회의실과 사무실 우선 사용권 부여
- ♥ 회사 정책을 결정할 수 있는 각종 회의 참여권

다이아몬드 직급의 경우 회사별로 차이는 있지만 보통 3단계로 구분합니다.

- ♥ 다이아몬드(마스터 다이아몬드 등): 연봉 1~2억 수준
- ♥ 블루다이아몬드(더블다이아몬드, 수석다이아몬드): 연봉 2~5억 수준
- ♥ 레드다이아몬드(트리플다이아몬드): 연봉 5~10억 수준

다이아몬드 직급자보다 높은 직급인 '크라운'(임페리얼로 부르는 회사도 있음)은 사업자의 왕이라는 뜻으로 보통 월 1억 이상의 수익을 올립니다. 여기에다 다이아몬드 직급자가 받는 혜택 외에 차

별화한 별도의 혜택을 부여합니다.

- ♦ 회사 행사(컨벤션, 리더십 세미나) 시 귀빈 소개 예우
- ♦ 외제차 제공
- ♦ 해외여행 시 비즈니스석과 스위트룸 제공

이처럼 다이아몬드는 평범한 사람이 월 1,000만 원에서 수억 원 이상을 버는 직급이기 때문에 네트워크 마케팅 사업을 시작하는 모든 사람이 다이아몬드 직급 승급을 원합니다. 더구나 이 소득은 우리가 알고 있는 노동소득, 즉 시간과 노동력을 돈으로 바꾸는 소득이 아닌 권리소득 혹은 인세소득이기에 그 가치가 엄청납니다.

사업자들이 모이는 컨벤션에서 턱시도나 드레스 차림으로 승급 무대에 올라가 멋지게 '승급 스피치'를 하는 모습을 상상해보십시오. 쉬고 싶을 때 한 달씩 휴가를 가도 매주 몇백만 원에서 몇천만 원이 통장으로 꼬박꼬박 들어오는 삶을 상상해보십시오. 이것이 바로 네트워크 마케팅 사업의 꽃인 다이아몬드들의 삶입니다.

02
다이아몬드 승급 조건

다이아몬드 승급 조건은 회사마다 다르지만 '브레이크 어웨이 보상플랜'을 기반으로 하는 암웨이나 뉴스킨, 허벌라이프 같은 1세대 네트워크 마케팅 회사는 아래 조건을 충족할 때 다이아몬드 직급자로 승급합니다.

- ♥ 6~12개 레그(보통 '줄'이라고 이야기함)를 동시에 키워야 한다.
- ♥ 각 레그당 1,000만 원에서 1억 원의 매출이 나와야 한다.
- ♥ 3~6개월간 모든 레그의 매출이 동일하게 나와야 한다.
  즉, 다이아몬드 승급에 유지기간이 있다.

이 경우 6줄, 12줄을 동시에 키워야 하고 일정 기간 동안 유지해야 하므로 승급 난이도가 매우 높습니다. 이에 따라 이들 회사에서는 다이아몬드 직급이 나오기까지 평균 5~7년이 걸립니다. 또한 다이아몬드 직급으로 승급해도 일정 매출을 유지하지 못하면 직급 유지 수당을 받지 못하는 탓에 직급만 다이아몬드인 '깡통 다이아몬드'가 많습니다.

최근에는 많은 네트워크 마케팅 회사가 '바이너리 보상플랜'을 적용하고 있습니다. 이것은 6~12레그를 만드는 것이 난이도가 높다 보니 이를 2레그로 만들어 보상을 해주는 구조입니다. 회사마다 차이는 있지만 아래 조건을 충족하면 다이아몬드 직급자로 승급합니다.

- ◆ 보통 4주간 매출을 따진다(4주 합산이라고 부름).
- ◆ 좌레그 : 우레그 = 1~2억 수준 : 1~2억 수준
- ◆ 승급 시 좌레그와 우레그에 추천인 중 2~3직급 아래 직급자가 반드시 있어야 한다.

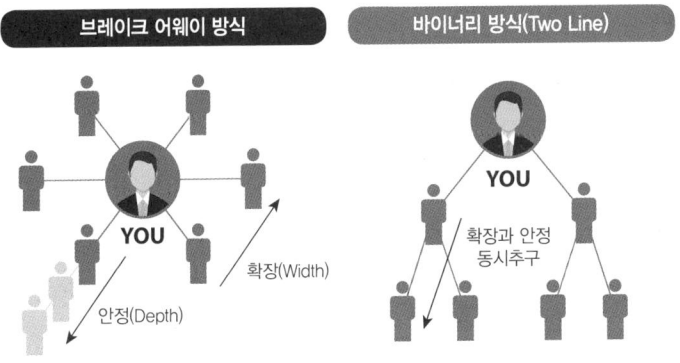

브레이크 어웨이 보상플랜에 비해 난이도가 비교적 낮고 4주 동안의 매출만 승급 기준으로 보기 때문에 능력에 따라 빠르면

사업 시작 후 수개월 내에 다이아몬드 직급에 도달할 수 있습니다. 그러나 다이아몬드 승급이 4주간의 일회성 매출이다 보니 이른바 판짜기와 사재기로 승급한 뒤 매출은 0에 가까운 깡통 다이아몬드가 많은 것이 특징입니다.

보상플랜 방식에 따라 차이는 있지만 다이아몬드가 되려면 기본적으로 수많은 멤버십과 그에 따르는 매출이 필요합니다. 혼자 힘으로 이룰 수 있는 목표가 아닌 만큼 다이아몬드 직급에 도달하기 위해서는 뛰어난 전략과 함께 팀워크가 중요합니다.

네트워크 마케팅 사업을 시작했다면 반드시 다이아몬드까지 승급해야 합니다. 그렇지만 대한민국의 99.9퍼센트는 다이아몬드 꿈을 이루지 못합니다. 다이아몬드 승급은커녕 사업을 중간에 포기하는 경우가 허다합니다.

저는 2년 6개월간 현장에서 발로 뛰며 그 원인이 무엇인지 고민해보았습니다. 무엇보다 다이아몬드 이상 직급자의 사업 패턴과 일반 사업자의 사업 패턴에 다른 부분이 있었습니다. 이것을 모두 10가지로 정리한 것이 바로 3장에 소개하는 '초단기 다이아몬드 승급 비법'입니다. 이 10가지에 초집중해 사업을 펼친다면 여러분이 생각하던 기간보다 더 빨리 다이아몬드 승급을 이뤄낼 것입니다.

3장
초단기 다이아몬드 승급 비법 10가지

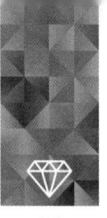

01

비법 1

방문판매와 네트워크 마케팅 사업의 차이를 인지한다

이제부터 초단기 다이아몬드의 꿈을 이루는 비법을 본격적으로 소개하겠습니다. 초단기에 다이아몬드로 승급하려면 '네트워크 마케팅 원리를 기반으로 무장한 조직'이라는 튼튼한 뿌리와 함께 철저히 준비한 승급 전략이 필요합니다. 이에 따라 비법 1, 비법 2, 비법 3에서는 튼튼한 뿌리를 만드는 방법을 알려드리겠습니다.

처음 네트워크 마케팅 사업을 시작했을 때 저는 5개월간 하루 10시간 이상 뛰어다니며 사업자 50명을 등록시켰습니다. 당시 정식 사업자가 되기 위해서는 200만 원 정도의 사업자 패키지를 구매해야 했기 때문에 5개월간 혼자 일으킨 매출이 약 1억 원어치였지요. 그러나 이 기간 동안 제 직급은 4번째 직급인 루비였고 제가 받은 수당은 총 400만 원 수준에 불과했습니다. 자동차를 타고 10만 킬로미터를 달리면서 밥값, 찻값, 기름값, 자동차 리스비용과 감가삼각비, 무엇보다 제가 투자한 시간에 비하면 너무나 터무니없는 대가였죠.

더 가관인 것은 그 400만 원이 대부분 첫 달 발생한 소득이고 시간이 갈수록 소득이 줄어들었다는 점입니다. 결국 열정은 점점 식어갔고 사업에 회의감마저 들기 시작했습니다. 그때 문득 '내가 네트워크 마케팅 사업을 제대로 이해하고 있는 걸까?'라는 의문이 들었습니다.

그때는 회사 설립 초기라 교육 시스템이 부족했고 경험 많은 스폰서도 없었기에 네트워크 마케팅 사업과 관련해 답을 줄 수 있는 사람이 없었습니다. 저는 대한민국에 나와 있는 네트워크 마케팅 관련 도서를 모두 구매해 15일 동안 집중해서 읽었습니다. 사업 시작 전에도 책을 몇 권 읽었지만 경험이 없어 내용을 이해하지 못했는데 5개월의 경험이 더해지자 모든 내용이 쉽게 이해가 갔습니다. 15일 동안 책 70여 권을 완독한 뒤 저는 네트워크 마케팅의 원리 세 가지를 확실히 깨달았습니다

- ▼ 네트워크 마케팅 사업은 방문판매처럼 물건을 파는 사업이 아니라 자사 물건을 유통시킬 유통 회사를 만드는 사업이다.
- ▼ 네트워크 마케팅 사업은 내 힘이 아니라 다른 사람의 힘을 이용하는 사업이다.
- ▼ 네트워크 마케팅 사업은 다른 사람들이 자신의 유통망을 스스로 만들도록 사업자와 소비자를 찾는 방법을 복제하는 '시스템'이 필요한 사업이다.

이것을 깨닫고 나서 저는 방문판매 사업자 패턴에서 벗어나 기존에 함께하던 사업자를 자발적으로 움직이는 사업자로 육성하는 데 집중했습니다. 또한 그들에게 사업 비전을 전하고 책에서 익힌 네트워크 마케팅 사업의 원리를 전달하는 한편, 파트너 사장들이 제품을 확신하도록 많은 시간을 함께 보냈습니다.

그 결과는 놀라웠습니다. 제가 새로운 사업자를 찾지 않으면 매출이 '0'이던 산하 매출이 점차 뛰기 시작하더니 불과 1개월 만에 놀라운 매출 상승세를 이룬 것입니다. 덕분에 저는 에메랄드로 승급했고 에메랄드로 승급한 뒤 2주 만에 꿈에 그리던 다이아몬드 직급자가 되었습니다.

지금부터 제가 깨달은 네트워크 마케팅 사업의 원리 중 가장 중요한 '방문판매와 네트워크 마케팅 사업의 차이'를 표로 자세히 보여드리겠습니다.

개월	방판	보상	MKT	보상
1개월	▮▮▮	32만 원	▮▮▮	32만 원
2개월	▮ ▮	22만 원	▮▮▮▮	76만 원
3개월	▮ ▮	22만 원	▮ x 8	205만 원
4개월	▮ ▮	22만 원	▮ x 16	420만 원
5개월	▮ ▮	22만 원	▮ x 32	700만 원
6개월	▮ ▮	22만 원	▮ x 64	1000만 원

이 표는 네트워크 마케팅 사업을 6개월간 방문판매 방식으로 할 때와 네트워크 마케팅 방식으로 할 때의 차이 그리고 그에 따른 소득 차이를 명확히 보여줍니다. 이 표를 정확히 이해하면 여러분은 대한민국 네트워크 마케터의 95퍼센트가 실패하는 '방문판매 블랙홀'에서 벗어날 수 있습니다. 또한 다이아몬드 승급까지의 첫 번째 함정을 무사히 빠져나올 수 있습니다.

다음 설명은 바이너리 보상을 근간으로 하는 회사를 사례로 든 것입니다.

💎 CASE 1. 방문판매 방식의 '블랙홀' 사례

사업을 시작한 첫 달입니다. 나를 중심으로 좌우 두 줄에 사업자와 소비자를 만들면 드라마틱한 보상을 받는 바이너리 보상플랜에서는 빠른 시간 내에 좌우 2명의 사업자를 찾는 것이 매우 중요합니다. 여러분은 네트워크 마케팅 사업을 시작한 순간부터 명단작성으로 예비사업자를 컨택하고 스폰서나 시스템의 힘을 빌려 리크루팅을 완료할 겁니다. 이들은 보통 200만 원 정도의 사업자 패키지를 구매하고 본격적으로 사업을 시작합니다. 결국 좌우를 합해 400만 원의 매출이 발생하고 여러분은 회사로부터 30만 원 정도의 보상을 받습니다. 회사에 따라 약간 다를 수 있지만 첫 번째 직급(스텝, 브론즈 등)에 도달하는 경우도 있습니다. 이처럼 여러분은 기분 좋게 사업을 시작했습니다.

개월	방판	보상	MKT	보상
1개월	♟♟♟	32만 원		
2개월				
3개월				
4개월				
5개월				
6개월				

다음 달이 되었습니다. 여러분은 자신의 명단 중에서 또 다른 신규 사업자를 찾고자 노력합니다. 부업임에도 불구하고 한 달 동안 10건 이상의 미팅을 했고 추가 사업자 2명을 리크루팅했습니다. 정말 기분이 좋습니다. <u>10건 이상의 바쁜 일정을 소화하다 보니 지난달에 리크루팅한 2명의 사업자와는 따로 만날 시간이 없었습니다. 간간히 전화만 하고 매주 월요일 본사에서 진행하는 세미나에서 만나자고 했지만 두 사람 모두 바쁘다는 핑계로 나오지 않았습니다.</u> 조금 기분이 상하지만 그래도 나를 믿고 이 사업을 하겠다는 사람이 벌써 4명입니다. 이번 달 수당은 20만 원 정

도가 들어왔습니다. 지난달 브론즈 직급자가 되면서 받은 승급 보너스가 없기 때문에 20만 원이 들어온 것입니다.

사업을 시작한 지 3개월 차입니다. 이번 달에도 내 명단 중에서 사업을 잘할 사람을 찾아 돌아다닙니다. 명단에 적힌 숫자가 줄어들다 보니 미팅을 잡는 것이 점차 어려워집니다. 그래도 지난달보다 더 많은 미팅을 한 결과 2명의 사업자를 또 찾았습니다. 이번 달에도 20만 원의 수당이 들어왔습니다. 다음 달도 이 패턴이 동일하게 돌아갑니다. 내 명단에서 사업자를 찾고, 찾고 또 찾고….

그렇게 6개월이 지났습니다. 그동안 총 12명의 사업자를 찾아냈고 이들의 사업자 패키지 매출이 2,400만 원에 달합니다. 그런데 여러분의 통장에 들어온 수당은 150만 원 수준입니다. 교통비, 커피값, 식사값에 처음 사업을 시작할 때 구매한 사업자 패키지 비용을 모두 따져보니 500만 원 넘게 썼습니다. 나와 함께 6개월 전에 사업을 시작한 사업자들은 골드, 루비 등 중간 직급까지 승급했지만 나는 아직 브론즈 직급에 머물러 있습니다. 승급식이 있는 날이면 자존심이 상하고 자괴감에 빠져 엄청나게 스트레스를 받습니다.

개월	방판	보상	MKT	보상
1개월	👤👤👤	32만 원		
2개월	👤 👤	22만 원		
3개월	👤 👤	22만 원		
4개월	👤 👤	22만 원		
5개월	👤 👤	22만 원		
6개월	👤 👤	22만 원		

 더 절망스러운 것은 내가 찾은 12명의 사업자 중 거의 대부분이 사업을 포기했다는 사실입니다. 처음에는 사업을 향한 확실한 비전을 보고 부자가 되겠다며 본사에서 진행하는 세미나, 사업설명회, 아카데미 등에 나왔지만 한 달 정도 지나니 나오는 사람이 없습니다. 전화를 돌려보면 모두 바쁘다는 핑계, 돈이 안 된다는 핑계를 대며 사업을 주저합니다. 심지어 돈이 되지 않는 사업을 소개했다며 욕을 하는 사람도 있습니다. 상황이 이렇다 보니 바이너리 보상플랜은 2명의 사업자만 제대로 찾으면 된다는 스폰서의 말에 의문이 생깁니다. 퇴근시간과 주말을 모두 반납해가며 열심히 매달렸는데 손해가 이만저만이 아닙니다. 부자가 되겠다며 설레던 마음은 너덜너덜해졌습니다. 조만간 사업을 그만두고 본업에 충실할 생각입니다.

💎 CASE 2. **시스템을 활용한 네트워크 마케팅 방식 사례**

첫 달은 'CASE 1'과 모든 것이 똑같습니다. 2명의 신규 사업자가 생겼고 브론즈 직급자가 되었습니다.

다음 달이 되었습니다. 이제 본격적으로 CASE 1과 차별화된 행보가 시작됩니다. 내 명단에서 새로운 사업자를 찾는 대신 지난달에 사업자로 등록한 회원과 많은 시간을 같이 보냅니다. 이때 제품을 함께 써보고 제품의 효용과 사용방법 등을 집중적으로 마스터하게 합니다. 또한 시간을 내서 회사의 사업설명회, 각종 사업자 교육 시스템에 같이 참여합니다. 파트너가 시간이 없다고 하면 차로 픽업을 해주는 한이 있어도 초기 미팅 참석에 집중합니다.

결국 그 사업자는 팀 카톡방, 밴드 가입, 홈페이지, 회원 가입, 마이오피스를 보는 법까지 모든 것을 48시간 내에 마스터했습니다. 이 모든 내용은 스폰서가 제공해준 '시스템' 가이드를 그대로 따라 한 것입니다. 그 후 사업을 같이할 수 있는 사람의 명단을 함께 작성합니다. 명단작성을 완료하면 스폰서와의 미팅 자리를 마련해 사업자와 소비자 명단을 분류하고 사업자 명단을 우선 컨택합니다. 그와 더불어 사업자 명단을 중심으로 본격적인 초대를 시작합니다.

초대는 정확한 '쇼더플랜' show the plan 아래 진행합니다. 아직 SHOW THE PLAN을 하지 못하는 사업자는 직급자의 동영상 등을 활용해 SHOW THE PLAN을 정확히 해줍니다. 만약 사업에 호기심을 보이거나 관심을 기울이는 사람이 있으면 곧바로 스폰서와의 1:1 미팅이나 사업설명회로 초청합니다. 그리고 리크루팅을 진행합니다.

첫 달에 사업자로 만든 2명의 사업자가 일련의 과정으로 각 2명씩 4명의 사업자를 만들면 두 번째 직급인 실버로 승급합니다. 소득은 지난달 대비 2배인 76만 원을 수령합니다.

세 번째 달입니다. 이번 달에는 지난달에 새롭게 사업을 결정한 4명의 파트너에게 집중합니다. 물론 그 4명을 사업자로 만든 1대 파트너와 함께 말이지요. 지난달에 1대 파트너에게 진행한 패턴과 동일하게 하되 2대 파트너에게 1대 파트너와 함께 진행합니다. 그래서 이들이 2명의 사업자를 찾도록 도와줍니다. 그렇게 한 달이 지나면 모두 8명의 3대 파트너가 생깁니다. 나는 골드 직급으로 승급하고 소득은 200만 원이 넘습니다.

개월	방판	보상	MKT	보상
1개월	👤👤👤	32만 원	👤👤👤	32만 원
2개월	👤 👤	22만 원	👤👤👤👤	76만 원
3개월	👤 👤	22만 원	👤 x 8	205만 원
4개월	👤 👤	22만 원		
5개월	👤 👤	22만 원		
6개월	👤 👤	22만 원		

네 번째 달입니다. 이번 달에는 크게 할 일이 없습니다. 1대 파트너가 2대 파트너와 함께 3대 파트너의 '사업자 2명 만들기'를 돕는 것을 관리하면 됩니다. 아직 서툰 사업자가 있으면 같이 가서 도와줍니다. 대부분의 시간을 파트너들이 복제를 제대로 진행하는지 살펴보고 부족한 점을 채우는 데 집중합니다. 이번 달에 사파이어로 승급하고 소득은 400만 원이 넘습니다. 이후 2개월 동안 동일한 패턴으로 사업을 진행하면 월 1,000만 원 이상의 소득을 만들어내는 루비 직급자로 성장합니다.

개월	방판	보상	MKT	보상
1개월	👤👤👤	32만 원	👤👤👤	32만 원
2개월	👤 👤	22만 원	👤👤👤👤	76만 원
3개월	👤 👤	22만 원	👤 x 8	205만 원
4개월	👤 👤	22만 원	👤 x 16	420만 원
5개월	👤 👤	22만 원	👤 x 32	700만 원
6개월	👤 👤	22만 원	👤 x 64	1000만 원

잘 보셨나요? CASE 1과 CASE 2는 진행 방식이 비슷해 보이지만 결과는 완전히 다릅니다. 그런데 아쉽게도 대한민국 네트워크 마케터 중 95퍼센트 이상이 아직도 방문판매의 늪에서 빠져나오지 못하고 있습니다.

이 원리를 사업 초반부터 깨닫고 가는 사람과 그렇지 않은 사람의 차이는 엄청납니다. 만약 여러분이 네트워크 마케팅 사업의 꽃인 다이아몬드 직급자로 승급하고 싶다면 이 원리를 반드시 터득하고 파트너 사장들에게도 귀에 못이 박일 정도로 반복해서 이야기해야 합니다. 이 원리를 서로 깨닫는 것만으로도 다이아몬드 승급으로 가는 가장 큰 함정은 넘어선 셈입니다.

02

비법 2

파트너 사장들의 막연함을 해결해준다

지금부터 이야기하는 내용은 굉장히 중요한 것입니다. 세계적인 베스트셀러 《부자아빠 가난한 아빠》의 저자 로버트 기요사키는 부자가 되려면 노동소득이 아닌 권리소득을 거둬야 한다고 말했습니다. 자신의 시간과 노동력을 투입할 경우 1명이 100의 노력을 투입하면 100의 결과밖에 얻지 못합니다. 반면 다른 사람의 시간과 노동력을 소유하고 활용할 경우 100명이 1의 노력으로 100의 결과를 만들어낼 수 있습니다. 즉, 자신은 1의 노력을 투입하지만 결과는 100을 얻는 것입니다. 여기서 말하는 다른 사람의 시간과 노동력을 소유하도록 만드는 것을 로버트 기요사키는 '시스템'이라고 정의합니다.

세계적인 부호이자 투자가인 워런 버핏은 이렇게 말했습니다.

"잠자는 동안에도 돈이 들어오는 방법을 찾지 못하면 당신은 죽을 때까지 일해야 할 것이다."

여기서 '잠자는 동안에도 돈이 들어오는 방법'이란 내가 아닌 다른 사람의 시간과 노동력을 소유하는 것을 의미합니다. 이로써 소득을 만들어내는 시스템을 갖추는 것이 부자가 되는 방법이라는 얘기입니다.

이처럼 세계적인 부자들이 말하는 시스템을 보유하느냐 마느냐에 따라 우리의 '부'가 결정됩니다. 저는 시스템을 보유하는 쪽을 선택하겠습니다. 여러분도 같은 선택을 하리라고 믿습니다.

그럼 로버트 기요사키가 말하는 평범한 사람이 시스템을 갖추는 세 가지 방법을 살펴봅시다.

첫째, 시스템을 만드는 것입니다. 삼성, 현대, 애플 같이 돈을 벌어들이는 획기적인 비즈니스 모델을 만들어 사람들에게 월급을 주고 그 시스템에 맞춰 일하게 하면 됩니다. 저는 지금 회사를 7년째 운영 중에 있는데 제가 없으면 회사는 제대로 돌아가지 않습니다. 그러다 보니 직장생활을 할 때보다 더 많은 시간을 투입하고 있습니다. 여러분도 알다시피 이런 시스템을 만드는 것은 소수의 천재들에게나 가능한 일입니다.

다음은 시스템을 구매하는 것입니다. 맥도날드, KFC 등 성공적인 시스템을 갖춘 기업의 시스템을 돈을 주고 구매해서 내 것처럼 사용하는 것이지요. 대한민국에서 맥도날드를 창업하려면 드라이브 인 맥도날드의 경우 7억 이상이 드는데 월 1,000만 원 정도의 수익을 낸다고 합니다. 그러니까 7억 이상의 현금이 있는 사람에게는 가능한 일이지만 평범한 사람에게는 그림의 떡이라는 얘기입니다. 설령 돈이 있을지라도 시스템 구매가 영원한 권리소득을 보장하는 것은 아닙니다. 실제로는 프랜차이즈 사업의 폐업률이 엄청나게 높아지고 있습니다.

마지막 방법은 시스템을 활용하는 것입니다. 누군가가 만들어 놓은 천재적인 시스템을 빌려 내 것처럼 활용하는 것이지요. 그 대표적인 사례가 네트워크 마케팅 사업입니다. 평범한 사람이 '사업복제' 시스템을 바탕으로 자신만의 유통 회사를 만들어 부자가 될 수 있는 네트워크 마케팅 사업은 미국에서 백만장자의 20퍼센트가 네트워크 마케터일 정도로 부 창출 효과를 검증받았습니다. 평범한 저로서는 시스템을 빌려 활용하는 것이 부자가 될 가능성이 가장 큰 방법이라고 생각합니다. 그래서 저는 오늘도 네트워크 마케팅 사업에서 성공하기 위해 노력합니다.

그럼 네트워크 마케팅 사업에서 말하는 시스템이란 과연 무엇일까요? 많은 왕초보 사업자가 시스템이라는 말을 자주 듣지만 시스템의 정체를 제대로 아는 경우는 드뭅니다. 심지어 리크루팅을 위한 본사 사업설명회를 시스템으로 알고 있는 사람도 많습니다.

사업설명회 외에도 어떻게 사업을 해야 성공하는가를 다루는 'HOW TO 교육' 제품 교육, 리더십 교육 등 <u>왕초보 네트워크 마케터가 프로 네트워크 마케터로 가기 위한 모든 방향을 제시하는 교육 시스템을 우리는 '시스템'이라고 정의합니다</u>. 보통은 회사의 최고직급자가 이 시스템을 만듭니다. 그 최고직급자가 자신이 그 위치에 도달한 일련의 경험을 체계적인 교육 과정으로 만든 것이 바로 '시스템'입니다.

따라서 시스템에 참여하면 개인 역량과 상관없이 자연스럽게 성공 직급자를 복제할 수 있습니다. 덕분에 내가 시스템을 만들지도 구매하지도 않지만 네트워크 마케팅 사업을 하는 것만으로도 부자가 될 수 있는 시스템을 활용해 권리소득을 얻는 것입니다. 여기에다 전 세계에서 가장 끝내주는 보상 구조인 '다단계 보상 시스템' 혜택까지 누리니 금상첨화입니다.

시스템 보유 여부는 회사의 생존과 관련이 있을 정도로 중요한 이슈입니다. '네트워크 마케팅=시스템을 빌려 활용하는 사업'인데 이 성공 시스템이 제대로 갖추어져 있지 않다면 네트워크 마케팅 사업을 한들 성공 가능성은 없는 것이지요. 네트워크 마케팅 사업의 특성상 방문판매 회사처럼 회사에서 사업자 시스템을 만들지 못하므로 시스템을 만들 수 있는 성공한 직급자에게 의존할 수밖에 없습니다. 결국 오랜 역사와 능력 있는 사업자가 많은 상위권 네트워크 마케팅 회사에는 사업자 양성 교육 시스템이 잘 갖춰진 반면 신생 회사는 시스템을 갖추지 못한 채 표류하다가 결국 회사 문을 닫는 경우가 많습니다.

사실 대한민국에는 이 시스템을 구성할 능력을 갖춘 리더의 숫자가 손에 꼽힐 정도로 적습니다. 그래서 이들 리더의 몸값이 하늘 높은 줄 모르고 치솟고 있습니다. 특히 새롭게 론칭하는 회사는 이러한 리더를 모시기 위해 혈안입니다. 만약 여러분이 몸담은 회사가 시스템을 제대로 갖추고 있다면 그것만으로도 사업에서 성공할 가능성이 매우 높아집니다. 반면 제대로 된 시스템이 없다면 사업 진행 여부를 심각하게 고민해봐야 합니다. 아니면 스스로 시스템을 만들어야 할지도 모릅니다. 시스템을 만드는 작업은 이 책에서 다룰 주제가 아닌지라 일단 시스템이 갖춰져 있다는 가정 아래 설명을 이어가겠습니다.

사업을 시작하면 흔히 스폰서들이 시스템에 참여해야 성공한다며 시스템 참여를 독려합니다. 이는 여러분에게도 익숙한 풍경

일 겁니다. 문제는 최근 네트워크 마케팅 사업 트렌드가 전업자에서 부업자로 변화하고 있는 반면 현재의 시스템은 전업자를 대상으로 만들어져 있다는 점입니다. 즉, 지금의 시스템에서는 많은 시간 동안 트레이닝을 받아야 표준화된 역량을 갖춘 사업자로 성장할 수 있습니다.

그렇다 보니 사업자가 가입 이후 시스템에 적응할 시간도 없이 시스템에 참여해야 한다는 부담감으로 사업을 포기하는 경우가 많습니다. 이것은 그리 낯선 풍경이 아닙니다. 파트너가 '본업이 바빠서요', '개인적인 사정이 있어서요', '돈이 되지 않아서요' 등의 말을 한다면 이것은 그들이 시스템에 참여하지 못해 벌어진 일이라고 보면 됩니다. 그래서 우리가 종종 목격하는 것이 스폰서들의 '시스템 앵벌이'입니다. 사업자들에게 시스템에 참여해 달라고 쫓아다니며 애원하는 웃지 못 할 상황이 벌어지는 것이지요.

초단기간에 다이아몬드로 승급하기 위해서는 이들 시스템에 참여하는 파트너의 숫자를 빠르게 늘리는 것이 매우 중요합니다. 실은 이것이 가장 중요한 핵심이라고 생각합니다. 그런데 이것은 열정과 의지만으로 되는 것이 아닙니다. <u>어떻게 하면 파트너들이 성공 솔루션인 '시스템 참여'를 자신의 인생에서 우선순위로 삼</u>

<u>을지 고민하고 그 방안을 찾아야 합니다.</u> 저는 이 문제를 해결하고자 많이 노력했고 그들이 사업을 포기하는 이유와 함께 최악의 상황을 피할 솔루션을 찾아냈습니다. 간단하게 파트너들의 우선순위 선정을 가로막는 가장 큰 적을 찾아내 그것을 이겨낼 방법을 찾으면 됩니다.

<u>초보 사업자를 위한 네트워크 마케팅 사업의 최대 적은 바로 '막연함'입니다.</u> 사업자로 가입은 했는데 막상 사업을 하려니 어디서부터 어떻게 해야 할지 모른다면 이들은 당연히 막연함을 느낄 수밖에 없습니다. 그 막연함은 사업을 향한 커다란 두려움을 만들어내고 결국 사업을 포기하게 만드는 암적인 존재가 되어버립니다. 그 막연함을 해결해줄 솔루션을 개발하기만 하면 초보 사업자들의 시스템 안착을 돕고 그들이 성공자의 사업 방식을 배울 가능성이 커집니다.

<u>초보 사업자들이 막연하게 여기는 첫 번째 문제는 '초대'입니다. 사업 비전을 보고 사업에 뛰어들어 전달하고자 하는 사람들의 명단까지 작성했지만 어떻게 사업을 전달해야 할지 막연해서 사업을 주저하는 경우가 대부분입니다.</u> 결국 아래와 같은 참사가 벌어지면서 사업을 그만두는 경우가 발생합니다.

▶ 참사 1 – 준비 없이 지인에게 사업을 전달하러 갔다가 '불법 다단계'를 한다며 다시는 연락하지 말라고 퇴짜를 맞는 경우
▶ 참사 2 – 지인에게 밥을 먹자고 해놓고 동의 없이 사업설명회에 데려오는 바람에 지인이 화가 나서 연락을 끊어버리는 경우
▶ 참사 3 – 스폰서가 후원미팅을 왔는데 지인이 이 사실을 모르고 있을 경우. 더 황당한 것은 스폰서가 지인을 만나러 간다는 것을 스폰서조차 모르는 경우

이것은 네트워크 마케팅 사업을 처음 시작하는 사업자가 많이 겪는 시행착오입니다. 이런 일이 벌어지는 이유는 무엇일까요? 시스템을 기반으로 '초대'하는 법을 제대로 익히지 못한 채 자기만의 방식대로 초대하기 때문입니다.

지금부터 재미난 예시를 하나 들어보겠습니다. 여러분은 흡연자고 지인은 비흡연자입니다. 그럼 지인에게 담배를 피워야 하는 이유를 설명하고 담배를 피우게 만들어보기 바랍니다.

일단 지인의 머릿속을 한번 살펴보겠습니다.

먼저 담배를 피우지 않는 이유가 있을 겁니다. 담배와 관련해 불쾌한 기억이 있을 수도 있습니다. TV에서 폐암, 발기부전, 각종 뇌혈관질환의 원인과 관련해 온갖 정보가 뇌에 꽉 차 있을지도 모릅니다.

그다음으로 여러분을 평가할 겁니다. 담배를 피우는 여러분의 모습이 행복하거나 건강해 보이는지, 냄새가 향긋한지 등을 평가하는 거지요. 흡연자 중 청결한 모습을 유지하는 사람은 드물기 때문에 일단 여러분을 보면서 담배를 부정적으로 여기는 시각은 더욱 강화될 것입니다.

비흡연자는 이 두 가지 부정적인 시각을 머릿속에 꽉 채운 상태에서 여러분의 이야기를 듣기 시작합니다. 여러분은 담배를 피우면서 느꼈던 점, 좋았던 일 등 여러분의 머릿속에 있는 그림을 상대방에게 얘기하겠지요. 하지만 상대방의 머릿속은 이미 담배 자체와 여러분의 모습에서 얻어낸 편견으로 가득 차 있기에 그 그림이 들어갈 자리는 없습니다. 설령 들어간다고 해도 여러분 머릿속의 그림과 다른 그림이 그려집니다. 흡연자는 담배를 피우며 스트레스가 풀리고 기분이 좋아지면서 뭔가 위안을 받는 느낌을 받습니다. 반면 비흡연자는 그런 경험을 해본 적이 없기 때문에 서로의 머릿속에 그려지는 그림은 다를 수밖에 없습니다. 이 경우 설득은 당연히 어려워집니다.

네트워크 마케팅 사업을 지인에게 전달하는 것도 흡연자·비흡연자의 이야기와 맥락이 같습니다.

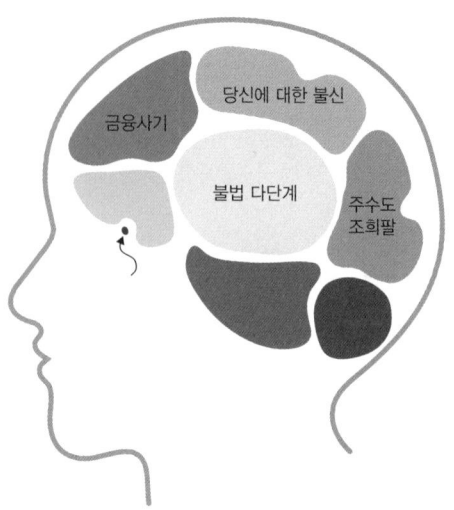

- 네트워크 마케팅 사업과 관련해 상대방에게 부정적인 경험이나 편견이 있다. 결국 자연스럽게 첫 번째 방어막이 만들어진다. 이 방어막은 엄청나게 강력하다.
- 상대방은 여러분의 가까운 지인일 뿐 여러분을 비즈니스 파트너로서 신뢰하지는 않는다. 그런 지인에게 대박사업이라며 함께하자고 할 경우 일단 상대의 머릿속에서 자동적으로 '거부' 버튼이 눌러진다.
- 여러분은 상대방의 머릿속이 이 두 가지 편견으로 가득 차 있는 상황에서 사업 자료도 없이 말로만 사업설명을 한다. 여러분은 자신의 머릿속에 그려놓은 사업 자료와 제품 효능을 말로 전달할 수 있을 거라고 여기지만 사실 그 정보는 상대방에게 10퍼

센트도 전달되지 않는다. 결국 상대방은 여러분의 이야기를 듣는 둥 마는 둥 하다가 다단계는 하고 싶지 않으니 다시는 연락하지 말라며 미팅장을 떠난다.

이런 식으로 많은 왕초보 네트워크 마케터가 초대에 한두 번 실패하면 점점 자신감을 잃어버립니다. 동시에 이 사업에서 성공하는 것이 막연하게 느껴지지요. 그 막연함은 커다란 두려움을 만들어내는데 이는 사업을 그만두게 만드는 대표적인 원인입니다.

제가 다이아몬드 2관왕이 될 수 있었던 가장 큰 이유는 '초대' 앞에서 느끼는 막연함을 해결해주는 저만의 솔루션이 있기 때문입니다. 지금부터 그 솔루션을 알려드리겠습니다. 여러분도 사전에 이 솔루션을 만들어 초단기 다이아몬드 승급 준비를 하기 바랍니다.

모든 네트워크 마케팅 사업은 초대로 출발합니다. 네트워크 마케팅 사업 역사가 80년이 넘은 만큼 이 초대의 핵심 솔루션은 제대로 된 'SHOW THE PLAN', 즉 회사를 사업 관점에서 A부터 Z까지 보여주는 데 있습니다. 전통 네트워크 마케팅 회사는 모든 사업자가 SHOW THE PLAN을 제대로 해내도록 정말 많은 교육을 진행하고 있습니다.

그런데 한 번도 사업을 해보지 않은 사람들을 대상으로 교육을 진행하려면 많은 시간을 투자해야 합니다. 암웨이, 뉴스킨, 허벌라이프 같은 1세대 네트워크 마케팅 회사는 전업자를 위한 교육 시스템을 개발하고 교육 시간을 충분히 확보하는 데 집중하였습니다.

일단 시스템에 참여하면 매일 스피치를 가르치고 제품을 체험하게 하는 한편 그 종류와 성분을 외우게 합니다. 또 사업설명이 입에 붙을 때까지 반복 훈련을 진행합니다. 이처럼 완벽에 가까운 전업자 교육 시스템이 있어도 그 성과는 사람의 역량에 따라 다르게 나타납니다.

그 SHOW THE PLAN 낙오자들을 위해 발명한 것이 성공 직급자가 사업 비전을 강연한 녹음테이프를 전달하는 것입니다. '이 테이프를 한번 들어보고 관심이 있으면 꼭 사업설명을 같이 듣자'는 식으로 초대를 진행한 것이지요.

이후 산업이 발전하면서 시청각 도구인 비디오테이프가 나왔습니다. 사업자들은 SHOW THE PLAN을 위해 자신의 집으로 사람들을 초대했고 SHOW THE PLAN 비디오테이프를 보면서 사업설명을 진행했습니다. 이 도구는 상당히 효과적이었죠. 먼저 간접적으로 호일러의 법칙Law of Hoiler을 활용한 덕분에 초대자에게 생길 법한 '사업자 개인을 향한 편견'을 걷어낼 수 있었습니다. 또 SHOW THE PLAN을 제대로 하지 못하는 사람들도 누구나 표준화한 SHOW THE PLAN을 제공하게 되었습니다. 이 시스템이 등장하면서 훈련을 덜 받은 부업자들도 네트워크 마케팅 사업에 뛰어들 만한 계기가 만들어졌습니다.

재미있는 사실은 유튜브, SNS 등이 발전하고 있음에도 불구하고 최근 네트워크 마케팅 회사들이 이 검증된 도구를 활용한 SHOW THE PLAN 초대기법을 점차 잊고 있다는 점입니다. 기존 1세대 네트워크 마케팅 회사처럼 시스템에 참여해 배우라는 식으로 시스템이 회귀해버린 것입니다. 하지만 저는 유튜버답게 최신식 SHOW THE PLAN 초대기법을 만들었습니다.

💎 유튜브 내 온라인 사업설명회 예시: NEOTUBE

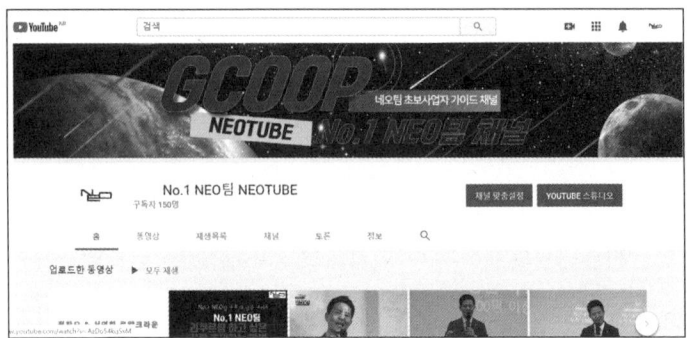

저는 직접 SHOW THE PLAN 영상을 만들고 이를 유튜브에 업로드합니다. 동영상 자료는 회사에서 제공하는 PPT나 사업설명회에서 쓰는 PPT에 목소리를 입혀서 만듭니다. 보통 네트워크 마케팅 사업을 해야 하는 이유, 회사소개, 제품소개, 보상플랜을 각각 20분 정도로 쪼개 동영상을 제작하고 유튜브에 업로드합니다. 그리고 사업 파트너들에게 누군가를 초대하고 싶으면 다음 순서로 1차 미팅을 진행하라고 권합니다.

- ▼ 무조건 전화해서 만난다.
- ▼ 일단 만나면 회사 제품을 하나 선물로 주거나 제품을 함께 사용하면서 '내가 진행하고 있는 사업인데 30분만 시간을 내달라'고 말한다. 집으로 초대할 경우 화장품이 있으면 제품을 발라주

고 그 시간 동안 동영상을 같이 시청한다. 이때 간단한 먹거리를 준비하는 것이 좋다.
- ♥ 업로드한 동영상을 같이 본다. 동영상을 볼 때 침묵으로 일관하지 말고 중간 중간 추임새를 넣는다.
- ♥ 남자는 네트워크 마케팅 사업의 비전·회사·보상을 중심으로, 여자는 비전·회사·제품을 중심으로 영상을 본다.
- ♥ SHOW THE PLAN 영상이 끝나면 자신이 왜 이 사업을 하는지 이야기하고 사업을 함께 제대로 알아봤으면 좋겠다는 의사를 전달한다. 관심을 보이는 사람은 스폰서와의 미팅으로 연결하고 거부할 경우에는 이 사업을 할 만한 사람이 있으면 소개해 달라고 부탁하면서 훈훈하게 마무리한다.

이 방법은 매우 효과적입니다. 무엇보다 초보 사업자 입장에서는 SHOW THE PLAN을 직접 진행해야 한다는 부담감을 내려놓을 수 있습니다. 그리고 사람들을 초대해 동영상을 보는 작업을 지속적으로 반복하라고 미션을 주면 비교적 쉽게 따라 합니다. 다시 말해 초대에 따른 막연함을 풀어줄 구체적인 솔루션을 제공하고 미팅 횟수를 늘리라고 하면 초보 사업자도 두려움 없이 초대를 시작합니다.

여기에다 하나라도 성공 사례가 나올 경우 사업에 가속도가 붙습니다. 결국 동영상을 활용한 SHOW THE PLAN은 개인의 역량에 기대 사업자를 만드는 것이 아니라 철저히 확률게임으로 바뀝니다. 즉, 누군가의 역량에 따라 확률이 나뉘는 것이 아니라 10명을 접촉하면 2~3명이 초대에 응하는 전형적인 확률게임으로 바뀌면서 신규 사업자 초대가 급격히 늘어납니다. 이로써 다이아몬드 승급을 위한 초석을 마련할 수 있습니다.

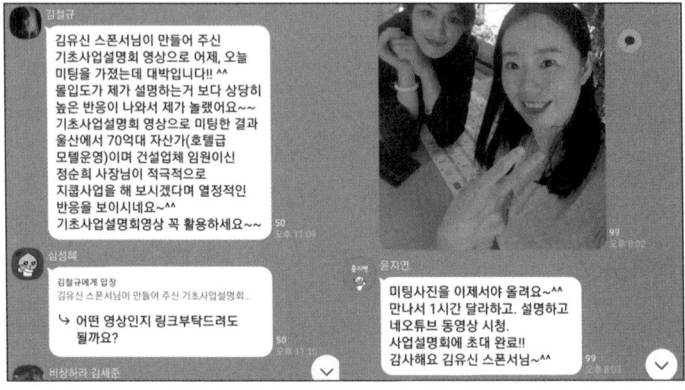

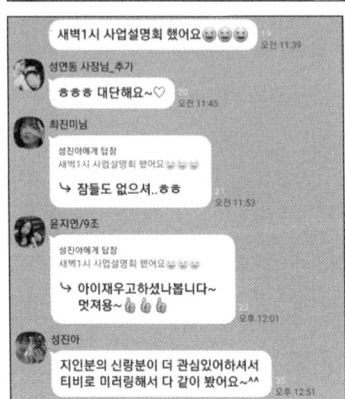

💎 사업 성공 가이드 제공을 위한 온라인 복제 시스템 예시 : NEOTUBE

다음으로 반드시 해결해야 할 막연함은 '어떻게 사업을 해야 할까'입니다. 상위권에 있는 네트워크 마케팅 사업의 경우 시스템에 잘 참여하기만 하면 사업에서 성공할 확률이 높아집니다. 문제는 부업자에게 이들 시스템이 그림의 떡인 경우가 대부분이라는 점입니다.

최근 네트워크 마케팅 사업의 메인은 '부업자'입니다. 부업자는 네트워크 마케팅 사업으로 추가소득을 얻고 싶어 하지만 항상 본업에 치여 사업이 우선순위에서 밀려날 수밖에 없는 구조입니다. 결국 본업으로 피곤하거나 개인적인 일이 생기면 시스템에 참여하지 않는 비율이 높아지다가 결국 사업을 포기하고 맙니다. 그래서 초단기 다이아몬드를 이루고 싶다면 이들을 위해 별도의 솔루션을 만들 필요가 있습니다. 즉, 부업자들이 사업을 어떻게 해야 하는지 그 막연함을 해결해주고 네트워크 마케팅 사업을 우선순위에 올리도록 도와주어야 합니다. 이것 또한 유튜브 채널을 활용하면 쉽게 끝낼 수 있습니다.

네트워크 마케팅 사업에서는 흔히 사업에 참여하겠다는 결정을 하고 나서 48시간이 제일 중요하다고 말합니다. 48시간 내에 사업을 어떻게 해야 하는지 구체적으로 안내하고 제품을 확신하게 해주면 사업자가 생존할 확률은 당연히 높아집니다. 부업자들은 초기 48시간을 놓치는 경우가 많은데 동영상을 활용할 경우 이 문제를 해결할 수 있습니다. 다음 채널은 제가 운영하는 NEOTUBE 채널입니다. 구성은 아래와 같습니다.

- ♥ 온라인 사업설명회
- ♥ 네오시스템 소개: 네오팀 유튜브 채널 소개
- ♥ 네트워크 마케팅 vs. 방문판매
- ♥ 초기사업자와 함께 회사 동영상 시청하는 방법
- ♥ 초기 사업자에게 필요한 각종 사업툴 활용법 교육(앱 설치, 마이오피스, 화해 앱, 밴드, 카톡방 등)
- ♥ 최고직급자의 동영상 학습 영상
- ♥ 초대 진행하는 방법

단기간에 다이아몬드 승급을 목표로 한다면 여러분도 이런 유튜브 채널을 하나 만들어두는 것이 좋습니다. 다시 말하지만 부업자는 시스템에 참여하는 데 많은 제약이 따릅니다. 누군가에게 리크루팅으로 신규 사업자가 생겼다면 48시간 내에 영상을 함께 시청하는 방법을 알려주기 바랍니다. 그 몇 시간의 투자로 신규 사업자의 사업 성공 여부가 판가름이 납니다.

동영상을 활용한 초기 사업자 가이드 제공은 사업을 어떻게 해야 할지 그 방향성을 확실히 인지하게 해줍니다. 또 회사 시스템에 참여해야 하는 이유도 알려줍니다. 자연스럽게 이런 구조를 만들어주면 스폰서가 '시스템 앵벌이'를 할 필요가 전혀 없습니다. 나아가 신규 사업자의 생존율이 높아지고 초대가 늘어나면서 빠른 시간 안에 사업자 확장에 속도가 붙습니다.

03

비법 3

남의 힘을 빌려 사업하라

초단기 다이아몬드라는 거목으로 성장하기 위해 튼튼한 뿌리를 만드는 방법 중 하나는 '남의 힘을 이용하는 네트워크 마케팅 사업의 원리'를 깨닫는 것입니다.

방문판매 사업은 철저히 자신의 역량을 활용하는 사업입니다. 내가 능력을 갖추고 시간을 투자할 수 있으면 돈을 버는 사업이 방문판매입니다. 반면 네트워크 마케팅 사업은 내가 능력이 뛰어나다고 해서 성공할 수 있는 사업이 결코 아닙니다. 네트워크 마케팅 사업에서 실패하는 사람들을 보면 사업을 방문판매하듯 합니다. 회사에 다닐 때처럼, 자영업을 하던 때처럼, 내 힘과 역량으로만 사업을 하려고 하는 겁니다. 결국 자신의 힘과 역량만큼만 사업을 펼치다가 돈을 벌지 못하고 사업을 그만둡니다.

다이아몬드 직급은 결코 혼자 힘으로 이룰 수 없습니다. 저도 이 사업을 처음 시작했을 때는 방문판매를 하고 다녔습니다. 당시에는 저를 도와줄 만한 제대로 된 스폰서 라인이 없었고 저 역시 네트워크 마케팅 사업의 개념과 원리를 이해하지 못한 탓에 혼자 힘으로 5개월간 방문판매만 하고 다녔습니다. 결과는 절망 뿐이었죠.

"네트워크 마케터의 평균 사업 수명은 3.6.9."라는 말이 있습니다. 이것은 3개월 차에 그만두고 좀 더 버티면 6개월, 그 후 9개월 차에 또 다른 위기가 온다는 의미입니다. 제가 그 원인을 곰곰이 고민해보니 답은 하나였습니다. 바로 내 힘만 사용해서 사업을 하다가 힘에 부쳐 사업을 그만두는 것이었습니다.

네트워크 마케팅 사업의 핵심 원리는 내 힘이 아닌 남의 힘을 이용하는 데 있습니다. 이 사실만 제대로 깨달아도 초단기 다이아몬드까지 가는 길에 막힘은 없습니다. 그럼 여기서 말하는 남의 힘이란 과연 무엇일까요?

1 남의 힘 1 - **회사(제품, 보상)**

먼저 회사의 힘을 철저히 이용하기 바랍니다. 네트워크 마케팅 회사는 그 특성상 시중 제품보다 월등히 질 좋은 제품을 보유하고 있습니다. 사업을 시작한 뒤 회사의 힘을 이용하려면 일단 제품을 애용해 자신을 아름답고 건강하게 가꾸어야 합니다.

사람들은 대체로 인테리어가 훌륭한 가게에 가고 싶어 합니다. 무점포 사업인 네트워크 마케팅 사업에서 점포는 바로 여러분이고 인테리어는 여러분 자신을 가꾸는 것을 의미합니다. 이를 전문용어로 '외적 요소'라고 하는데 네트워크 마케터에게 외적 요소, 즉 외모를 가꾸는 일만큼 중요한 것은 없습니다.

단순하게 생각하십시오. 월 1,000만 원, 월 1억 원을 벌 수 있는 사업이라고 말하면서 같이 사업하자고 권하는 사람이 지저분한 옷차림에 담배 냄새를 풀풀 풍긴다면 그 사람의 말이 믿어질까요? 화장품 사업을 같이하자는 사람이 피부가 엉망이라면 같이 사업하고 싶을까요? 다이어트 사업을 같이하자는 사람이 뚱뚱하다면 같이 사업하고 싶을까요?

네트워크 마케팅 사업에서는 기본적으로 내가 '점포'입니다. 인테리어가 좋은 점포는 사람들이 알아서 찾아옵니다. 그와 반대로 허름한 점포에는 사람들이 들어가고 싶어 하지 않지요!

일단 제품을 활용해 빠른 시간 내에 자신의 외모를 업그레이드하십시오. 그리고 파트너들도 이를 복제해 회사 제품을 애용해서 자신을 업그레이드하도록 독려해야 합니다.

2 남의 힘 2 – **스폰서**

네트워크 마케팅 사업에서는 자신이 스폰서의 시간을 얼마만큼 소유하느냐가 사업의 성공을 결정할 정도로 스폰서의 힘을 잘 활용하는 것이 굉장히 중요합니다. 특히 사업자 리크루팅에서 스폰서의 힘은 가히 절대적입니다.

네트워크 마케팅 사업에서 리크루팅 영역의 바이블은 바로 '호일러 법칙'입니다.

호일러의 법칙은 하버드대학교 경영대학원 교수 호일러가 어떻게 하면 미팅에서 효율을 더 높일 수 있는지 그 방법을 정리한 이론입니다. 일본인이 세계 시장을 개척하던 무렵 그들은 제품판매를 위해 전문가를 초빙해 제품의 장점을 설명하게 하는 대인접촉 방법을 썼습니다. 덕분에 판매율이 상승했는데 여기에서 착안해 호일러 교수가 이것을 법칙으로 정리한 것입니다.

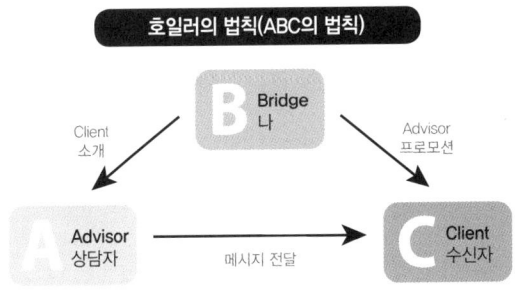

이론은 간단합니다. 네트워크 마케팅 리크루팅 현장에는 3명이 존재합니다. 이들을 A, B, C라고 정의하면 A는 그 분야의 전문가 또는 성공한 사람으로 우리는 그를 스폰서라고 부릅니다.

B는 C를 초대한 초대자입니다. C는 잠재사업자라고 정의하죠.

호일러의 법칙은 C(잠재사업자)를 만날 때 B(초대자)가 혼자 만나는 것보다 설명을 도와줄 전문가인 A(스폰서)와 함께 만나면 훨씬 더 효율적으로 사업을 전달할 수 있다는 것입니다. 이 법칙에 따르면 A가 제3자 입장에서 객관성과 전문성을 앞세우기 때문에 현장에서 리크루팅 확률이 한결 높아지지요.

호일러의 법칙을 리크루팅에 활용하는 이유는 '지인은 나를 사업 파트너로서 신뢰하지 않기 때문'입니다. 물건을 판매하는 경우 나를 신뢰하는 지인은 너무 고가만 아니면 제품을 구매해주겠지요. 하지만 네트워크 마케팅 사업은 어디까지나 '사업'이므로 거절하기가 쉽습니다!

예를 들어보겠습니다.

여러분에게 초등학교 시절부터 함께해온 절친이 있다고 해봅시다. 연예 실패담부터 비밀 이야기까지 모든 것을 아는 아주 가까운 사이지요. 그런데 이 친구가 갑자기 여러분에게 대박사업이 있다면서 사업을 같이하자고 하는데 그 사업이 다단계라면 신뢰가 가지 않을 겁니다. 특히 그 친구가 사업적 감각이 떨어지고 사업에서 성공해본 경험이 없는 사람이라면 더욱더 그렇겠죠!

그래서 그 분야의 성공자가 객관적으로 사업을 설명해주는 호일러 법칙을 활용한 미팅법이 효과적인 겁니다. 친구는 사업 파트너로서 신뢰가 가지 않지만 그 사업에서 이미 성공해 월 1,000만 원 이상 버는 사업자라면 얘기가 달라집니다. 분명 사업을 객관적으로 들여다볼 것입니다. 타이밍이 맞는다면 사업을 시작할 가능성도 큽니다. 리크루팅에서 호일러의 법칙이 유용한 이유가 여기에 있습니다.

그럼 방문판매에서도 '호일러의 법칙'이 유용할까요? 새로운 소비자를 찾고 그 사람을 설득하는 데 선임 판매원의 도움을 받을 수 있을까요? 당연히 아닐 겁니다. 내 소개로 판매원이 된 신입 판매원을 도와줘도 내게 돌아오는 수당이 없으므로 굳이 내 소중한 시간을 허비할 필요가 없기 때문입니다. 오로지 '내 힘'으로 새로운 소비자를 개척해야 하는 것이 방문판매입니다.

네트워크 마케팅 사업에서 호일러의 법칙을 활용하시지 않으면 사업 진행 속도가 매우 느립니다. 명단을 작성하고 소중한 시간을 내 사람들을 만났는데 상대가 내 전문성을 믿지 않아 거절하는 경우가 너무 빈번한 사업이 네트워크 마케팅 사업입니다. 수많은 거절을 받다 보면 그 상처를 이겨내지 못해 사업을 그만두는 경우가 발생합니다. 이때 슈퍼맨처럼 이 사업에서 성공하고 월 수백, 수천만 원을 버는 성공자가 옆에서 도와주면 결과는 완전히 달라집니다.

사업에서 성공하려면, 특히 초단기 다이아몬드로 승급하고자 한다면 스폰서의 시간을 최대한 할애받아야 합니다. 물론 무작정 시간을 요청하면 안 됩니다. 적극적인 초대와 스폰서 프로모션으로 스폰서 입장에서 수월하게 리크루팅에 나서도록 사전조치를 취해야 합니다. 아울러 정말 열심히 하는 모습, 다이아몬드로 승급하겠다는 강한 의지를 보여주어야 합니다. 그러면 스폰서는 자신의 소중한 시간을 여러분에게 우선 배정할 것입니다.

③ 남의 힘 3 – **파트너**

마지막으로 파트너의 힘을 빌려 사업하는 것입니다. 다이아몬드 직급을 성취하기 위해서는 수많은 파트너들의 힘을 응축해 결과를 만들어내야 하므로 팀의 모든 파트너 사업자가 한마음, 한뜻으로 성과를 낼 무언가가 반드시 필요합니다.

가장 중요한 것은 어떻게 하면 이 사업을 쉽게 받아들이도록 할지 집중 고민해 거기에 맞는 솔루션을 찾아내는 일입니다. 앞서 소개한 동영상 SHOW THE PLAN, 초기 사업자 가이드는 제가 이 문제를 해결하기 위해 만든 솔루션입니다.

그다음으로 중요한 것은 리더로서 믿음과 신뢰를 제공하는 일입니다. 라인미팅, 원칙미팅 등에서 가장 신뢰가 가는 따뜻한 모습을 보여주십시오. 저는 성격이 워낙 내성적이라 사람과 잘 친해지지 못하는 탓에 사람들에게 종종 오해를 삽니다. 그래서 생각해낸 방법이 바로 폴더인사입니다. 파트너들에게 반드시 폴더인사를 해서 예의를 갖춰 반겨주고 이들이 돌아갈 때는 승강기까지 안내하고자 노력합니다.

카톡방을 적극 활용하는 것도 추천합니다. 네트워크 마케팅 사업에서 무엇보다 중요한 것이 카카오 단체방을 활용하는 것입니다. 네트워크 마케팅 사업에는 출퇴근하는 오피스 문화가 없기 때문에 대부분의 출근과 소통을 카카오톡에서 진행합니다. 특히 팀의 분위기를 잡고 뜻을 한곳으로 모으는 데 카카오톡만 한 도구도 없습니다.

4주 안에 다이아몬드 직급의 매출이 나오려면 엄청난 집중력이 필요합니다. 그러므로 매일 가장 먼저 아침인사와 응원 메시지를 올리고 사업을 위해 헌신하는 모습을 보여주는 후원 사진, 파트너들의 카톡에 적극 답글을 다는 행동을 지속적으로 펼쳐가기 바랍니다. 모든 파트너가 여러분을 다이아몬드감으로 확실히 인지하도록 시간과 노력을 투자해야 합니다.

04

비법 4

사업자를 중심으로 공략해 네트워크를 만들자

지금까지 세 가지 비법으로 초단기 다이아몬드로 가기 위해 튼튼한 뿌리를 만드는 법을 알아보았습니다. 이제부터 본격적인 전략과 전술을 살펴봅시다.

네트워크 마케팅 사업은 회사에서 생산한 제품을 유통시킬 '사람' 유통망을 구축하는 사업입니다. 나를 중심으로 수많은 사업자와 소비자가 생기면 회사는 그들이 만들어낸 매출의 일정 부분을 '수당' 명목으로 내게 배분합니다. 그럼 월 1,000만 원 이상의 수당이 발생하는 다이아몬드 사업자에 빠르게 도달하려면 어떻게 해야 할까요? 그 답은 소비자가 아니라 우선 사업자를 만드는 데 초집중하는 것입니다.

이 말에 반감을 보이는 사람이 있을지도 모릅니다. 특히 암웨이, 허벌라이프, 뉴스킨처럼 브레이크 어웨이 보상을 기반으로 전통 있는 1세대 네트워크 마케팅 사업을 해본 사람은 '네트워크 마케팅 사업을 모른다'며 핀잔을 줄 수도 있습니다. 80년 이상 이어져온 네트워크 마케팅 사업에서 '먼저 소비자를 만들고 그들 중 사업자를 찾는다'는 법칙에 정면도전하는 내용이기 때문입니다.

최근 네트워크 마케팅 사업 트렌드가 '효율성'으로 변하고 있습니다. 보상플랜이 6~12레그를 만들던 브레이크 어웨이 보상구조에서 2레그를 만드는 바이너리 구조로 바뀌고 있고, 기존 전업자 플랜에서 부업자 플랜으로 뚜렷하게 변화가 일어나고 있지요. 얼마 전 글로벌 5위권 내에 있는 N사도 이 트렌드를 반영해 기존 브레이크 어웨이 보상을 바이너리 보상과 비슷한 형태로 변경했습니다.

세상에서 모든 사람에게 가장 평등한 것이 바로 '시간'입니다. 누구에게나 하루 24시간이 주어집니다. 그중 수면 8시간, 본업 10시간, 식사 2시간을 빼면 한 사람이 자기 목적에 따라 쓸 수 있는 시간은 기껏해야 2시간 전후입니다. 네트워크 마케팅 사업 전업자라면 10시간 정도 시간을 낼 수 있겠지만, 부업자는 하루 2시간 정도로 '사람' 유통망을 키워가야 합니다. 이때 절실히 필요한 것이 선택과 집중입니다. 사업자를 구축할 것인가, 아니면 소비자를 구축할 것인가? 모든 사람의 답이 명확할 겁니다.

'인적 판매'를 기반으로 하는 방문판매 사업과 네트워크 마케팅 사업의 가장 큰 차이점은 소득의 질이 다르다는 사실입니다.

방문판매 사업은 내가 누군가에게 무언가를 팔아야 소득이 돌아오는 노동소득입니다. 반면 네트워크 마케팅 사업은 '사람' 유통망을 갖추기까지 시간이 걸리지만 어느 정도 유통망을 갖추면 이후부터는 유통망이 자가 복제를 시작해 수백 명, 수천 명, 수만 명, 수십만 명이 유통망에 들어오면서 가만히 있어도 소득이 생기는 '권리소득' 사업입니다.

네트워크 마케팅 사업은 사람을 만나 사업을 해야 하는 인적 비즈니스라 필연적으로 만남에 시간을 투자할 수밖에 없습니다. 여기에는 부가적으로 교통비, 커피값 등이 발생합니다.

제가 경험해본 바로는 소비자 1명을 만드는 시간과 사업자 1명을 만드는 시간은 동일합니다. 그렇지만 이들이 만들어내는 결과는 완전히 다릅니다. 사업자는 주체적이고 소비자는 수동적입니다. 사업자는 돈을 벌기 위해 움직이고 소비자는 좋은 제품을 싸게 쓰는 것에 집중합니다. 즉, 사업자 1명의 파워는 소비자 100명의 파워와 맞먹을 정도로 강력합니다. 다시 말해 내가 제대로 된 사업자를 1명 찾아내고 그 사업자가 제대로 된 복제 시스템 내에서 성장할 경우 1년 후 소비자 회원의 100배 이상 효과를 냅니다.

브레이크 어웨이 방식에 익숙한 사업자가 바이너리 방식의 회사로 이적하면 성과가 빠르게 나지 않는 경우가 많습니다. 기존 네트워크 마케팅 이론처럼 소비자로도 충분히 파이프라인을 구축할 수 있습니다. 소비자를 하나하나 찾아가 제품의 우수성을 알리고 제품을 전달해 체험하게 함으로써 제품 마니아로 만들면 든든한 우군이 생기고 소득도 점차 만들어집니다. 그들은 직접 써보고 괜찮으면 주위 사람들에게 전파도 할 겁니다. 하지만 이 속도는 여러분이 기대하는 속도가 아닐 것입니다. 저는 매일 몇 시간씩 전업으로 사업을 진행해 7년 만에 다이아몬드로 승급하는 비효율적인 일은 하고 싶지 않습니다. 이 책을 선택한 여러분도 마찬가지겠지요.

사업을 시작했다면, 그리고 빠른 시간 내에 다이아몬드 직급자로 승급하고 싶다면, 초반 3개월에서 6개월 동안에는 무조건 사업자를 중심으로 리크루팅 활동을 펼치기 바랍니다. 물론 파트너에게 그 내용을 복제해야 합니다. 최근 네트워크 마케팅 사업은 속도가 떨어지면 내 파트너가 먼저 그만두며 그것은 결국 모든 조직이 죽는 결과를 초래합니다. 사업자 만들기에 초집중하기 바랍니다.

05

비법 5

사업자 패키지 구매는 필수다

이 내용도 의견의 호불호가 갈릴 겁니다. 네트워크 마케팅 사업을 불법 다단계로 인식하는 사람이 워낙 많고 그 불법 다단계의 폐해 중 하나가 '사재기'로 금전적 손실을 입히는 것이기에 사업자 패키지 구매에는 논란의 여지가 많습니다.

사업자 패키지 구매와 관련해 논란이 이는 이유는 크게 두 가지입니다. 우선 네트워크 마케팅 사업의 근간을 이루는 1세대 네트워크 마케팅 회사에는 초기 사업자 패키지 구매라는 개념이 없었습니다. 먼저 물건을 써보고 물건이 좋아 사업성까지 고려하면 사업자로 전환하는 사업 형태를 근간으로 했기 때문입니다. 그래서 사업자 패키지를 구매하고 사업을 하자고 하면 사재기를 유도한다며 반감을 드러내는 사람들이 있습니다. 그다음 이유는 사재기와 관련해 부정적인 네트워크 마케팅 편견이 한몫을 합니다. 그 이유는 더 언급하지 않겠습니다.

그럼 왜 반드시 사업자 패키지를 구매하고 사업을 시작하라고 말하느냐고요? 그 이유를 설명하겠습니다.

첫째, 회사의 대표 상품을 구매해서 써보아야 합니다. 네트워크 마케팅 사업은 자사 제품에 보이는 확신과 충성도 없이는 사업이 불가능합니다. 그런 이유로 사업자라면 자사의 대표 상품을 반드시 써보고 확실한 믿음과 경험을 쌓아야 합니다.

보통 사업자 패키지는 회사의 대표 상품을 모두 경험하도록 구성합니다. 아울러 사업자 패키지는 구매금액의 30퍼센트 정도를 초과하는 제품을 선물로 주므로 경제적입니다. 자신에게 필요한 제품을 구매하고 사업을 시작하겠다고 생각하는 사람은 회사의 대표 상품을 써볼 확률이 낮습니다. 이 경우 장님이 코끼리 꼬리를 만지고 코끼리 전체를 말하는 것과 같은 현상이 발생하고 맙니다. 그러면 처음부터 사업에 실패할 가능성이 커질 수밖에 없습니다.

둘째, 회사의 보상을 모두 받을 수 있습니다. 여러분은 네트워크 마케팅 사업으로 큰 소득을 얻고자 사업을 선택한 것입니다. 대한민국에는 매출의 35퍼센트까지 사업자에게 수당으로 제공해야 하는 법적 근거가 있습니다. 이 모든 수당을 다 받으려면 제대로 된 사업자 지위를 획득해야 합니다. 무료 멤버로 사업을 시작할 경우 보통 매출의 2.5퍼센트 수준을 보상으로 받습니다. 반면 사업자 패키지로 사업을 시작하면 35퍼센트 수당을 모두 받을 조건을 갖춥니다. 사업자 패키지를 구매하지 않고 사업을 시작할 경우 자신의 노력 대비 보상 지급률이 낮아 일단 돈이 안 됩니다. 그러면 사업을 포기하는 경우가 많이 발생합니다.

셋째, 승급 조건에 패키지 구매가 들어 있습니다. 최근에 등장한 바이너리 보상플랜 기반의 회사는 승급 조건에 '본인의 패키지 구매'가 들어 있는 경우가 많습니다. 회사에서는 보통 패키지를 구매한 사업자를 본격적으로 사업할 마음을 먹은 사업자로 여기고 승급이 가능하도록 기회를 부여합니다. 네트워크 마케팅 회사에서 승급은 매우 중요합니다. 승급 수당과 승급 유지수당을 모두 받을 수 있고 네트워크 마케터로서 자신감과 성취감도 느끼기 때문입니다.

넷째, 자신이 사업자 패키지를 구매하지 않으면 다른 사람에게도 권하지 못합니다. 이 경우 사업 속도가 더뎌지고 이는 사업을 포기하는 결정적인 계기로 작용합니다.

다섯째, 사업 초기에 바로 수입을 올리게 만들어줍니다. 소비자를 중심으로 사업을 전개하면 시간은 시간대로 쓰면서 의미 있는 수입을 내기까지 적게는 1년, 많게는 수년이 걸립니다. 암웨이, 허벌라이프, 뉴스킨 등 1세대 네트워크 마케팅 회사들이 사업자의 시스템 참여를 독려한 이유는 수입을 올리기까지 절대적인 시간이 필요하기 때문입니다. 즉, 이 기간 동안 이탈률을 방지하기 위한 정신 무장과 사업 방법 공유라는 두 가지 목적이 큽니다. 반면 바이너리 보상플랜을 근간으로 하는 네트워크 마케팅 회사에서 소비자 플랜의 사업을 펼치면 오히려 수입을 올리는 시기가 늦어지고 이는 결국 사업을 포기하게 만드는 원인이 됩니다.

여섯째, 스폰서의 후원을 집중적으로 받기 위함입니다. 파트너 사장 입장에서 스폰서의 리소스는 공공재와 같습니다. 한 사람이 파트너의 시간을 독점할 경우 다른 사람들이 그만큼 스폰서의 시간을 활용하지 못하기 때문입니다. 호일러의 법칙을 활용한 사업자 리크루팅에서 스폰서는 사업자 패키지를 구매한 사업자를 중심으로 시간을 배분할 수밖에 없습니다. 어디까지나 사업이므로 냉정하지만 현실을 고려하는 것이 마땅합니다. 사업자 패키지를 구매한 사람은 사업자 패키지를 구매하는 적극적인 사업자를 만들 가능성이 훨씬 높으므로 시간을 우선순위로 배분하는 것이 보통입니다.

사업자 패키지는 평생 한 번 구매합니다. 그런데 기존 1세대 네트워크 마케팅 회사를 경험해본 사람들이 유독 사업자 패키지 구매에 거부감을 보이는 경우가 많습니다. 사실 1세대 네트워크 마케팅 회사의 경우 초반에 들어가는 패키지 비용은 없지만 매달 유지해야 하는 비용 자체가 많습니다. 많은 사람들이 이를 인지하지 못하고 한 달에 적게는 수십만 원에서 수백만 원까지 씁니다. 반대로 바이너리 회사는 초기 사업자 패키지 구매 외에 월 유지비가 없거나 월 10만 원 정도로 적기 때문에 오히려 깔끔합니다.

예를 들어 제가 월 수천만 원의 소득을 꿈꾸며 수제피자집을 창업하는 상황을 생각해봅시다. 좋은 상권에 좋은 인테리어와 주방을 갖추고 곧 수제피자집을 오픈하려 합니다. 그런데 갑자기 고민이 생겼습니다. 피자의 핵심인 화덕을 구매해야 하는데 그 화덕이 200만 원입니다. 시간이 갈수록 그 200만 원이 너무 아깝게 느껴져 결국 화덕 구매를 포기합니다. 그 상태로 피자가게를 오픈하였습니다.

왜 이런 이야기를 하느냐고요? 여러분은 월 수백만 원에서 월 수천만 원, 월 수억 원을 노동소득이 아닌 권리소득으로 벌고자 네트워크 마케팅 사업을 시작했습니다. 이때 사업자 패키지를 구매하지 않는 것은 200만 원이 아까워 수제피자집을 창업하면서 화덕을 구매하지 않는 것과 같습니다.

사업 비전을 보았다면 지금 바로 사업자 패키지를 구매하고 회사의 대표 상품을 써보십시오. 그런 다음 다른 사람에게 전달해야 합니다. 이 구조가 탄탄해지면 **빠른** 시간 안에 적극적인 사업자를 만들면서 결국 초단기에 다이아몬드 직급자로 승급할 수 있습니다.

06
비법 6

1명의 리더에게 의존하지 말자.
적어도 8명 이상의 리더가 필요하다

다이아몬드 직급 기준은 회사마다 조금씩 차이가 있습니다. 특히 브레이크 어웨이 방식의 회사와 바이너리 방식의 회사는 그 차이가 극명합니다.

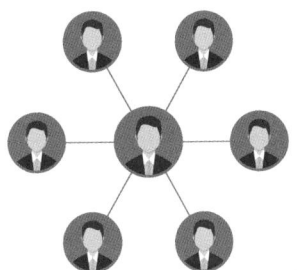

브레이크 어웨이 방식	기준	바이너리 방식(Two Line)
3~6개월 유지	기준기간	4주 합산
각 레그별 1,500~2,000만 원	매출기준	좌 : 우 = 1~2억 : 1~2억
6레그 이상	레그	2레그

3장_초단기 다이아몬드 승급 비법 10가지

브레이크 어웨이 방식을 채택하는 회사의 경우 6개월 정도의 매출 유지기간이 필요한 경우가 많아 사실상 다이아몬드 성취까지 최소 1년에서 2년 정도 시간이 필요합니다. 이는 그만큼 난이도가 높다는 것을 의미합니다.

반면 바이너리 방식의 회사는 4주를 기준으로 2레그 각 산하에서 만든 총매출의 합이 '좌 : 우 = 최대 2억 : 최대 2억', 200만 원 사업자 패키지를 보유한 회사의 경우 '좌 : 우 = 100명 : 100명'의 사업자를 4주간 만들어내면 다이아몬드 승급이 가능합니다.

그래서 바이너리 사업에는 유독 '판짜기'가 많습니다. 다이아몬드 매출 볼륨이 작은 회사의 경우 판짜기로 회사에 들어오자마자 다이아몬드를 성취하는 경우도 많습니다. 결론을 말하자면 이러한 판짜기는 전혀 의미가 없습니다. 대개는 자금 투여로 명의를 빌려 다이아몬드를 양산하기 때문에 다음 달이면 실적이 0이 되는 깡통 다이아몬드를 양산하고 맙니다.

'토끼는 여러 개의 굴을 파 놓는다.'

토끼는 생태계에서 가장 약자에 속하는 동물입니다. 사냥당하기도 쉽고 포식자에게 저항할 수 있는 무기가 거의 없어서 발각되면 바로 사냥을 당하고 맙니다. 그러다 보니 토끼는 생존하기 위해 두 가지 방법을 선택합니다. 하나는 엄청난 번식력이고 다른 하나는 위험에 대비하는 능력입니다. 토끼는 땅속에 굴을 파고 생활합니다. 굴을 파는 동물은 보통 입구 하나에만 파는데 토끼는 유난히 많은 굴을 파놓는 것으로 유명합니다. 이는 포식자가 굴에 들어왔을 때 어디로든 피할 수 있도록 만든 안전장치입니다

다이아몬드 직급에 도달하는 방법에는 멤버십이 많아 자연스럽게 사업자 매출과 소비자 매출 합산이 매출액에 도달하는 방법과 사업자 패키지를 구매하는 사업자를 단기간에 만들어 도달하는 방식이 있습니다. 지금 제가 소개하는 방식은 사업자를 구축해 단기간에 다이아몬드로 승급하는 전략이므로 후자를 위주로 설명하겠습니다.

다이아몬드 직급으로 가려면 많은 파트너가 필요합니다. 다이아몬드는 산하 레그에 수많은 멤버십이 일정 기간 동안 힘께 뛰어주어야 가능한 꿈의 직급입니다. 회사별로 차이는 있으나 바이너리 보상플랜 회사의 경우 4주간 좌레그, 우레그가 각각 1~2억 원의 매출이 있어야 다이아몬드 직급에 도달할 수 있습니다. 브레이크 어웨이 회사는 3~6개월간 최소 6줄 레그에서 수천만 원의 매출이 지속적으로 발생해야 다이아몬드 직급에 도달합니다.

바이너리 사업이 2레그라고 해서 다이아몬드 직급을 계획할 때

좌우 1명씩 리더를 선택해 이들에게 집중하면 대부분 직급 계획이 수포로 돌아갑니다. 저는 다음을 추천합니다. 반드시 각 레그별로 8명의 리더를 선정하고 그들의 직급 목표를 세우되 필요 매출보다 1.5~2배를 잡으십시오.

현재 제가 몸담고 있는 회사는 사업자 패키지(198만 원)를 기준으로 4주간 좌레그, 우레그에 각각 100명씩 만들어야 다이아몬드 직급자로 승급할 수 있습니다. 이것이 얼마나 힘든 일인지 지금부터 상상해볼까요? 4주 동안 200명의 사업자가 생겨야 가능한 일입니다. 혼자서는 절대 불가능한 일이지요.

결국 다이아몬드 직급은 팀이 함께 움직이지 않으면 절대 이룰 수 없습니다. 그래서 다이아몬드 직급에 도달하기 위해서는 각 레그에 같이 뛰어줄 리더가 최소 8명 정도 필요합니다.

통상 다이아몬드가 1명 나오면 그 아래 직급이 전체적으로 함께 나옵니다. 정상적인 경우 에메랄드 2조, 루비 4조, 사파이어 8조, 그 외에 직급을 50조 정도 양산합니다. 그러므로 이 기간 동안 같이 뛰어줄 리더를 선별하고 그들이 가능한 목표 직급을 설정하도록 만들어야 합니다. 누가 에메랄드 혹은 루비에 도전할지 정확히 목표로 정해주고 여기에 맞춰 뛰게 하는 거지요. 목표 직급은 현실성이 있어야 합니다. 에메랄드 같은 하이핀이 어렵다면 루비 직급을 더 많이 지정하는 것도 한 방법입니다. 중요한 것은 다이아몬드 달성 매출의 약 2배를 목표로 잡고 리더들에게 목표를 배분하는 일입니다.

여러분과 함께 뛸 리더를 결정했다면 그 리더들 산하에서 또 함께 뛸 사업 파트너를 결정하고 레그표를 완성하십시오. 전체 그림이 한눈에 보이도록 작성해야 합니다. 매일 아침마다 그 레그표를 확인하고 각 리더들의 진행 상황을 반드시 체크하십시오.

제가 다이아몬드 계획을 잡을 때 매일 보았던 레그표

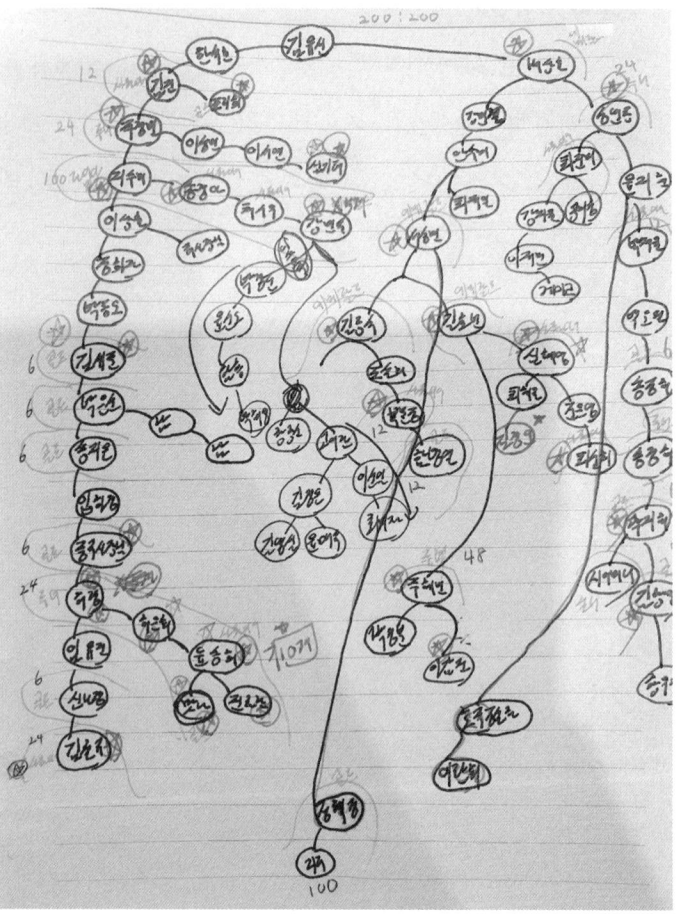

주차별 목표도 꼭 필요합니다. 많은 사람이 다이아몬드 직급에 도전하겠다고 선언하지만 그중 90퍼센트 이상이 실패합니다. 그 원인 중 하나가 어이없게도 주차별 목표 매출 비중을 잘못 잡는 데 있습니다. 보통 4주 합산으로 직급에 승급하려 할 경우 아래 표처럼 4주 차에 가장 많은 목표를 잡아 놓습니다. 이런 계획표는 무조건 실패한다고 봐도 무방합니다.

첫 주 차 목표를 가장 크게 잡아야 합니다. 전체 매출 목표의 30퍼센트 이상을 1주 차에 완료해야 다이아몬드 승급이 가능합니다. 4주 차 목표는 10퍼센트 정도만 잡아야 합니다. 보통 사재기의 원흉 중 하나가 4주 차 매출을 많이 잡은 경우입니다. 허둥지둥하다가 매출이 일정 부분 모자라면 사재기를 진행하는 경우가 많습니다.

다시 한 번 말하지만 사재기는 모두가 망하는 지름길입니다. 각 레그별로 같이 뛸 8명 이상의 리더와 각 주차별 목표 매출을 정확히 잡아 제대로 된 유통 조직을 구축하는 데 집중하기 바랍니다.

비법 7

타이밍을 감지했을 때 반드시 직급을 달성하자

 흔히 말하는 '운칠기삼'은 사람이 성공하려면 운이 7할, 자신의 기술이 3할 필요하다는 의미입니다. 아무리 능력이 있어도 운이 없으면 실패하고 능력이 다소 떨어져도 운이 있으면 성공한다는 얘기지요.

 제가 네트워크 마케팅 사업을 해보니 이 사업만큼 운칠기삼이 잘 통하는 사업이 또 있을까 싶습니다. 네트워크 마케팅 사업에서 볼 수 있는 운칠기삼의 대표적인 사례를 세 가지 들어보겠습니다.

 첫 번째는 의도치 않게 사업자 중에서 셀프리더가 탄생하는 경우입니다. 네트워크 마케팅 업계에는 "대한민국 네트워크 마케터 전체 중 셀프리더가 5,000명 정도 있는데 그들이 내 산하에 몇 명 있느냐에 따라 조직 성장세가 다르다"는 말이 있습니다. 그만큼 네트워크 마케팅 사업은 1명의 셀프리더가 엄청난 멤버십과 조직을 구축할 수 있는 사업입니다. 이에 따라 많은 회사와 그룹에서 리더를 영입하기 위해 애를 쓰지만 그것은 결코 쉽지 않습니다.

아주 드물긴 해도 그 귀하디 귀한 셀프리더가 탄생할 때가 있습니다. 네트워크 마케팅 사업 경험이 없는 사람 중 타 업종에서 회사를 경영한 경영자, 방문판매 회사에서 영업하던 영업인이 네트워크 마케팅 업계로 넘어와 빠르게 성장하는 경우가 종종 있지요. 의도치 않게 셀프리더가 탄생해 엄청난 멤버십을 단박에 창출할 경우 커다란 행운이 굴러들어온 셈입니다.

두 번째는 유능한 스폰서가 타사 팀을 영입하는 경우입니다. 간혹 높은 직급의 스폰서가 지속적으로 타사 리더를 컨택하고 오래 공을 들여 리크루팅하기도 하는데, 이때 바이너리 계보상 가장 유능한 리더에게 그 팀을 내려줍니다. 이 경우 한꺼번에 적게는 수십 명에서 많게는 수백 명의 사업자를 영입할 수 있습니다. 이는 운칠기삼에서 최고의 케이스입니다.

세 번째는 오랫동안 활동하지 않던 사업자가 어느 순간 리더를 영입해 사업을 제대로 진행하는 경우입니다. 바이너리 회사의 경우 한쪽 라인만 성장할 경우 승급은 물론 돈이 되지 않습니다. 그래서 먼저 가입해놓고 관망하고 있다가 사업자가 많이 만들어지면 그제야 사업을 본격적으로 시작하는 사람도 있습니다. 이때 훨씬 적극적으로 사업하는 경우가 많고 오랜 기간 준비해온 터라 리더를 쉽게 발굴하기도 합니다. 1년 동안 일반회원이었다가 갑자기 중간 직급 이상으로 한 번에 승급하는 경우도 있습니다.

위에서 말한 세 가지 운칠기삼 사례 외에도 사업을 열심히 진행하다 보면 많은 행운이 따라옵니다. 아마도 이런 말을 많이 들어봤을 겁니다.

"물 들어올 때 노를 저어라. 승급은 타이밍이 올 때 반드시 가야 한다."

바이너리를 기반으로 한 네트워크 마케팅 회사는 보통 4주 합산 기준으로 승급합니다. 운칠기삼이 작용해 갑자기 레그에 많은 매출이 일어나고 한쪽 레그에서 다이아몬드 매출이 나오면 승급 타이밍이 온 것입니다. 이때를 놓치면 승급 기회가 한동안 늦어지거나 아예 오지 않을 수 있습니다.

그런데 야속하게도 승급하려면 바이너리 특성상 레그 두 줄의 매출이 맞아야 합니다. 다이아몬드 성취를 위해서는 4주 합산 기준으로 좌 : 우 = 1~2억 : 1~2억 매출을 만들어야 하는데 운칠기삼으로 한쪽 레그의 매출이 만들어졌어도 다른 한쪽 매출이 기준에 부합하지 않으면 모처럼 생긴 기회를 놓치고 맙니다. 이럴 경우 많은 사람이 모자라는 매출만큼 '사재기'를 합니다. 적게는 몇백만 원에서 많게는 몇천만 원의 매출을 자신이 구매하거나 파트너가 구매하게 해서 다이아몬드를 성취하는 것입니다. 이때 다이아몬드로 승급한 이후 수입이 없는 깡통 다이아몬드로 전락해 자신과 파트너에게 빚만 만들어내는 최악의 승급 케이스가 나옵니다.

제가 강조하고 싶은 것은 포기하지 않고 제대로 된 방식으로 두 레그를 키우면서 사업을 펼치다 보면 운칠기삼의 기회가 반드시 온다는 것입니다. 그 기회가 왔을 때 다이아몬드 승급을 이루되 사재기는 절대 하지 마십시오. 운칠기삼이 작용하는 타이밍을 감지하면 모든 열정과 시간을 총동원해 모자란 영역을 채워야 합니다. 아울러 그 매출 볼륨을 공유받는 모든 사람을 깨워야 합니다. 이번에 이런 매출이 발생하니 모두 최선을 다해 승급 타이밍을 잡자고 독려하면 됩니다. 각 리더들에게 목표를 부여하고 그 목표를 기반으로 움직이도록 미팅 횟수와 주차별 목표를 부여해 뛰게 만들어야 합니다.

운칠기삼은 준비된 사람들을 위한 하늘의 축복입니다. 그 타이밍이 여러분에게도 반드시 오게 마련입니다.

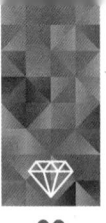

08

비법 8

미팅 횟수를 철저히 관리한다

회사마다 경영지표라는 것이 있습니다. 경영지표란 회사를 잘 경영하고 있는지, 미래 전망은 있는지 판단할 수 있는 지표를 말합니다. 매출, 재고량 같은 회계지표와 계약건수 등의 영업지표가 여기에 속합니다. 경영자는 이들 지표를 지속적으로 파악함으로써 회사의 경영방향을 설정하고 위기에 대비할 수 있습니다.

제가 네트워크 마케팅 사업을 시작하고 나서 굉장히 어려웠던 일 중 하나가 미래를 예측할 지표가 없다는 점이었습니다. 네트워크 마케팅 사업이 나를 기준으로 하나의 유통 회사를 만들어가는 사업이므로 네트워크 마케팅 사업에도 내 산하의 움직임과 실적 등을 예측하고 판단할 경영지표가 필요합니다. 그런데 다이아몬드 직급에 도전할 때 4주 후 결과를 예측할 수 있는 지표가 없다 보니 중간에 직급 계획이 흐지부지되는 경우가 태반이었습니다. 고민 끝에 제가 만들어낸 것이 지금부터 소개할 '미팅지표'로 일종의 네트워크 마케팅 사업의 경영지표입니다.

흔히 네트워크 마케팅 사업은 확률게임이라고 합니다. 보통 10명 정도 사업을 전달하면 2명의 사업자가 나오는 것이 평균이라고 하지요. 한데 실제로 사업을 해보면 이보다 성공률이 높은 편입니다. 사실상 7명에게 전달할 경우 2명의 사업자가 나옵니다.

따라서 미팅 횟수로 경영지표를 만들어볼 수 있습니다. 만약 하루에 한 건씩 미팅을 계속 진행하면 일주일에 7명과 미팅을 하고 그중 2명의 사업자를 배출하는 결과를 예측할 수 있습니다. 이를 4주간 지속할 경우 한 달에 8명의 사업자가 생기고 결국 일정 직급을 달성하게 됩니다. 즉, 미팅 횟수를 기반으로 성과를 예측할 수 있다면 이것이 하나의 경영지표인 셈이지요. 이를 바탕으로 만든 것이 '미팅지표'입니다. 하나의 예시를 들어보겠습니다. 다음은 바이너리를 기반으로 하는 회사의 평균 4주 합산 구조로 만든 것입니다.

하루 미팅 횟수	4주간 미팅 횟수	리쿠르팅 예상수	예상직급
	7	2	브론즈/스탭(첫 번째 직급)
	14	4	실버(두 번째 직급)
1	28	8	골드(세 번째 직급)
2	56	16	루비(네 번째 직급)
4	112	32	에메랄드(다섯 번째 직급)
8	224	64	다이아몬드

만약 사업자가 다이아몬드 직급을 목표로 한다면 하루에 8건의 신규 미팅을 4주간 진행해야 달성 가능하다는 산술적인 통계가 나옵니다. 여기서 하나 고려해야 할 것은 하루 미팅 8건을 어떻게 진행할 것인가 하는 부분입니다.

일단 1명이 신규 미팅 8건을 하루 안에 진행하는 것은 불가능합니다. 하지만 산하 파트너 8명이 하루에 한 건씩 미팅하는 것은 가능합니다. 여기에서 미팅 횟수는 나를 기준으로 산하 파트너들의 미팅 횟수를 모두 합한 결과물을 말합니다.

앞으로 4주간 산하 파트너가 첫 번째 직급을 목표로 뛰고 있다면 한 달간 총 7건의 신규 미팅을 하도록 미팅 계획을 짜주면 됩니다. 그럼 그 위의 파트너는 한 달간 7건의 미팅 횟수가 생기는 것이니 자신이 7건의 미팅만 더 추가하면 실버라는 두 번째 직급에 올라갈 수 있습니다. 또 그 위의 직급자는 14건의 미팅이 한 달간 잡히므로 자신이 14건을 소화하거나 다른 파트너에게 14건의 미팅을 나눠 진행해 세 번째 직급인 골드로 승급할 수 있습니다. 이처럼 직급 계획에 맞춰 산하의 모든 파트너가 미팅을 잡고 같이 일사분란하게 움직일 경우 사업자와 매출이 만들어져 모두 직급과 수당을 받게 됩니다.

여러분이 월 1,000만 원 소득을 올리는 다이아몬드가 되고자 한다면 막연하게 바라기만 하면서 사업을 진행하지 마십시오. 산하 파트너들과 함께 4주간 하루에 8건의 미팅이 나오도록 매주 계획을 치밀하게 세워야 합니다. 그리고 리더들이 이 지표로 산하 미팅 횟수를 관리하도록 복제해야 합니다.

09

비법 9

회사 프로모션을 적극 활용한다

네트워크 마케터에게 초단기 다이아몬드 승급을 위한 최고의 기간이 1년에 두 차례 이상 있습니다. 바로 회사에서 사업자를 대상으로 특별 혜택을 주는 프로모션 기간입니다. 네트워크 마케팅 회사는 1년에 두 차례, 많게는 분기별로 프로모션을 진행합니다. 대개 비수기(7~8월) 시즌과 막판 스퍼트 시즌(11~12월)에 매출을 일시적으로 끌어올리기 위해 프로모션을 활용하지요.

프로모션의 종류는 회사별로 차이가 있으나 형태는 비슷합니다.

- ▼ 여행 프로모션: 일정 직급 이상 또는 일정 매출 이상 달성 시 무료로 해외여행 자격 부여
- ▼ 직급 프로모션: 일정 직급에 도달할 경우 그 직급보다 한 직급 높은 직급을 부여하고 그에 맞게 승급 수당 제공(가령 다이아몬드면 더블다이아몬드 직급을 인정하고 더블다이아몬드 승급 수당을 주는 것)
- ▼ 현금 프로모션: 일정 직급에 도달하면 원래 정해진 수당의 2~3배 수준을 추가 지급하는 것(만약 골드 직급자 승급 수당이 100만 원이면 일시적으로 300만 원 지급)

♥ 제품 프로모션: 일정 미션을 달성했을 때 회사의 인기 제품을 추가로 제공하는 프로모션

그 밖에 회사 차원이 아닌 그룹 차원의 이벤트도 있습니다. 그룹장이 산하 활성화를 위해 일시적으로 현금이나 제품 프로모션을 진행하는 경우도 많습니다.

이 중 가장 효과가 좋은 것은 직급 프로모션과 현금 프로모션으로 이때 많은 직급자가 탄생합니다. 같은 노력으로 승급을 2배 이상 올리고 승급 수당도 몇 배의 현금을 받기 때문에 평소에 긴장하지 않던 사업자들도 사업에 집중하는 경우가 많고, 직급 달성을 위해 사업에 쏟는 시간을 몇 배로 늘리기 때문입니다. 아울러 팀 내나 그룹 내 사업자가 승급하면 여기에 자극을 받는 경쟁의식도 승급 대열에 한몫을 합니다. 만약 여러분이 초단기 다이아몬드를 목표로 한다면 이 기간을 절대 놓치면 안 됩니다.

예를 들어 프로모션 기간이 한 달이라면 다이아몬드 승급 전략을 잘 짜야 합니다.

먼저 자신의 직급 목표를 정하고 '비법 7'에서 말한 것처럼 좌우 레그에 적어도 8명씩 함께 뛰어줄 사람을 선택합니다. 그들에게 각각 직급 목표를 설계해주고 이를 위한 미팅 횟수도 반드시 정량화해 목표로 부여해야 합니다. 목표 수치는 직급 목표의

1.5~2배로 잡아야 한다는 것도 기억하기 바랍니다. 만약 다이아몬드 매출 목표가 4주 동안 2억 : 2억이라면 3억 : 3억을 목표로 잡고, 각각의 8명에게 어떻게 계획을 잡아줄지 고민해야 합니다.

반드시 프로모션 첫 주에 매출 목표의 50퍼센트 이상을 달성하도록 매출 전략을 짜고 이를 산하 파트너들과 공유해야 합니다. 성과를 내거나 승급하는 사람이 있을 경우 카톡방에서 지속적으로 분위기를 띄우면 프로모션 불씨가 큰불로 타올라 다이아몬드라는 꿈의 직급을 달성할 수 있을 것입니다. 프로모션 기간은 승급하기에 가장 좋은 타이밍이므로 초집중해서 사업을 진행하기 바랍니다.

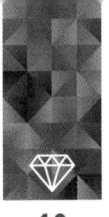

10

비법 10

무조건 리더를 영입한다

네트워크 마케팅 사업에서 셀프리더 1명의 가치는 어마어마합니다. 참고로 저는 사업을 시작하고 6개월 만에 2,400명의 멤버십을 만들었습니다. 업계에는 저보다 훨씬 더 뛰어난 리더가 수천 명 이상 있습니다. 이들 리더를 내 산하로 몇 분이나 모셔오느냐에 따라 다이아몬드 달성 여부와 달성 기간이 달라집니다.

어쩌면 이 대목에서 제게 이런 질문을 하고 싶을지도 모릅니다.

"리더를 모셔오기가 하늘의 별 따기인데 너무 쉽게 말하는 것 아닙니까?"

맞습니다. 오히려 하늘의 별을 따는 게 더 쉬울지도 모릅니다. 그렇지만 리더도 사람인지라 특수한 경우 움직일 수 있습니다.

지금부터 네트워크 마케팅 회사 리더들은 언제 회사를 옮기는지 그 특급비밀을 공개하겠습니다.

▼ 돈이 되지 않을 때
▼ 회사나 스폰서에 문제가 있을 때

♥ 가망성 있는 신생 회사가 톱 라인을 제시했을 때

리더들이 떠나는 이유 중 90퍼센트 이상이 '돈'이 되지 않기 때문입니다. 최고직급은 높아도 유지직급이 낮은 경우가 여기에 해당합니다. 6레그, 2레그를 유지해야 수익을 올리는데 갑자기 한쪽 레그 파트너들이 떠나버리면 실질소득이 대폭 줄어듭니다. 조직을 새로 세팅하는 것이 더 어렵기 때문에 새로운 회사에서 새 출발을 하고자 회사를 옮기는 겁니다. 물론 회사를 옮길 때는 이런 명분으로 자신을 포장합니다.

"내가 다이아몬드 직급자고 월 2,000만 원의 수익을 올리는데 이걸 포기하고 다른 회사로 간다. 그 이유는 파트너들이 돈을 못 벌기 때문이다. 그 문제의 핵심은 회사에 있고 우리 스폰서에게도 잘못이 있다. 그러니 나를 따라 이 모든 문제를 해결해줄 회사로 가자."

개중에는 자신의 파트너들이 좀 더 돈을 벌 수 있는 좋은 회사를 선택하기 위해 자신을 내려놓는 사람도 있지만 아주 극소수입니다. 결론은 본인의 직급이 깡통 직급, 즉 돈이 벌리지 않아 타사로 눈을 돌리는 것입니다. 사재기로 높은 핀을 성취한 사람들도 이런 성향을 보입니다.

이러한 리더는 무늬만 다이아몬드일 뿐 조직에 크게 도움을 줄 리더는 아닙니다. 저는 이들을 '깡통 리더'라고 부릅니다. 이들 깡통 리더는 대부분 타사로 옮길 때 거마비를 요구하는 경우가 많습니다. 이 리더들은 몸값만 높지 실질적으로 도움이 되지 않는 유형입니다. 리더를 모셔오고자 한다면 아래 유형의 리더를 선택해야 합니다.

- ▼ 부도가 나거나 다른 회사로 넘어가는 등 사업자 범위에서 컨트롤할 수 없는 불가피한 상황이 발생해서 회사를 그만두는 리더
- ▼ 창업주의 변심으로 회사가 갑자기 직급자에게 너무 불리한 쪽으로 보상플랜을 변경해 떠나는 리더
- ▼ 회사에서 약속한 보상, 제품 출시 등을 제대로 이행하지 않아 파트너 사장들이 무더기로 이탈했을 때 어쩔 수 없이 떠나는 리더
- ▼ 잘못된 보상플랜을 적용해 연말로 갈수록 엄청난 캡 조정(35퍼센트 규정)이 발생해 파트너 사장들이 급격히 이탈했을 때 떠나는 리더
- ▼ 비상식적인 이유로 징계를 들이대는 경우 떠나는 리더
- ▼ 제왕적인 최고직급자의 눈 밖에 나서 더 이상 사업을 하지 못해 떠나는 리더

여기서 핵심 포인트는 리더라고 해서 모두 돈을 버는 것은 아니라는 사실입니다. 회사, 자신, 스폰서, 파트너 중 누군가의 잘못으로 인해 파트너가 대거 떠날 경우 아무리 큰 리더도 갑자기 소

득이 떨어지면서 기존의 핀 지위와 명예보다 돈을 벌기 위해 회사를 그만둡니다. 네트워크 마케팅 세상에는 이런 일이 비일비재합니다. 이처럼 어쩔 수 없이 회사를 그만두는 리더는 열정도 있고 사업도 아주 잘합니다. 안정적인 회사, 좋은 스폰서 환경만 만나면 최고의 성과를 내는 유형이지요.

가끔은 돈도 벌고 직급도 높은데 리더가 옮겨가는 경우도 있습니다. 가령 외국계 회사가 한국에 새로 론칭할 경우 리더를 모시기 위해 엄청난 몸값과 함께 1번 사업자를 조건으로 제시하는 경우가 있습니다. 회사의 1번 사업자나 대표 사업자 자리를 탐내는 리더는 이때 이동합니다. 이러한 이동은 최상위 리더에게만 일어나는 극히 드문 일입니다.

리더가 내 산하로 올 가능성은 생각보다 높습니다. 비록 하늘의 별 따기이기는 하지만 계속 시간을 투자하면서 마음에 드는 리더와 지속적으로 접촉하십시오. 그러다가 그들 리더가 회사를 옮길 타이밍이거나 그런 환경에 놓였을 때 기회를 붙잡아야 합니다.

이를 위해서는 평소에 타사 리더들과 꾸준히 만나야 합니다. 물론 이들을 리크루팅하기 위해서가 아니라 그들과 친분을 쌓고 정보를 교환하면서 인간관계를 유지하는 데 목적을 두어야 합니다.

지금부터 네트워크 마케팅 리더들과 친분을 쌓는 방법을 소개하겠습니다. 바로 SNS를 철저히 활용하는 것입니다. 네트워크 마케팅 사업에서 SNS를 사용하지 않는 것은 시간을 낭비하고 트렌드를 무시하는 비효율적인 행동입니다. 아래 순서대로 자투리 시간을 투자해 리더와의 접촉을 진행한다면 왕초보라도 충분히 해낼 수 있습니다.

♥ 순서 1
빠른 시간 내에 카카오스토리, 인스타그램, 페이스북 계정을 오픈하기 바랍니다. 사용하지 않으면 어렵게 느껴지지만 인터페이스와 사용법이 쉬워서 며칠만 고생하면 금세 익힐 수 있습니다. 가능하면 세 가지를 모두 개설하기 바랍니다. 만약 지인들에게 네트워크 마케터라는 것을 알리고 싶지 않다면 인스타그램과 페이스북만 오픈해도 괜찮습니다.

♥ 순서 2
매일 네트워크 마케팅에서 미팅하는 사진, 본사 시스템에 참여하는 사진을 파트너나 스폰서 사진과 함께 꾸준히 업데이트하십시오. 리더들은 여러분이 네트워크 마케터로서 매력적으로 보일 때 반응을 보입니다. 네트워크 마케팅 사업을 진행하는 사진이 없고 표정이 어두우며 파트너도 없어 보이면 리더들은 여러분의 관심에 별다른 반응을 보이지 않을 겁니다. 그들이 리크루팅하고 싶어 하는 사람이 되어야 합니다.

♥ 순서 3

네트워크 마케팅 회사 이름을 검색하십시오. 예를 들어 인스타그램에 '지쿱'이라고 검색어를 입력하면 지쿱 사업자의 리스트가 나옵니다. 그들을 모두 친구로 추가하기 바랍니다. 여러분이 꼭 모셔오고 싶은 사업자나 특정 회사의 사업자가 있다면 반드시 친구로 추가하십시오.

인스타그램과 페이스북에서 'G사' 키워드를 검색했을 때 나오는 리더들의 명단

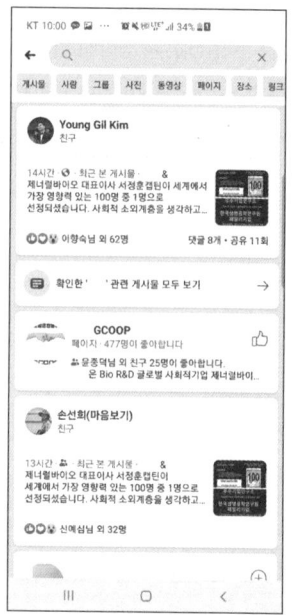

♥ 순서 4

친구로 추가한 뒤 '좋아요' 버튼을 계속 눌러주기 바랍니다. 상대에게 관심이 있음을 지속적으로 노출하고 가끔 댓글로 응원 메시지를 남겨주십시오. 사람은 관심을 받을 때 반드시 반응하게 마련입니다. 특히 SNS상에서 반응해주는 사람에게는 한 번도 못 본 사람일지라도 관심을 보입니다. 그 사람의 SNS에 들어가 그가 어떤 활동을 하는지, 외모는 어떤지 판단하고 자신이 리크루팅하고 싶은 대상일 경우 더욱 격하게 반응을 보이십시오.

♥ 순서 5

서로 '좋아요'나 댓글이 오고가고 SNS상에서 어느 정도 관계를 구축했다면 만남을 신청하십시오. 노하우를 배우고 싶다고 하면 상대방은 무조건 만나줄 것입니다. 그렇게 만날 때는 리크루팅을 하겠다는 생각은 완전히 접어두기 바랍니다. 상대방이 훨씬 더 고수일 테고 현직 리더라면 회사를 옮길 타이밍이 아닌 한 절대 움직이지 않습니다. 그냥 여러분의 인간적인 매력만 발산하기 바랍니다. 헤어질 때는 많이 배웠다는 말과 함께 앞으로 친하게 지내고 싶다는 얘기를 반드시 전하십시오.

♥ 순서 6

카톡이나 전화로 꾸준히 접촉하십시오. 항상 먼저 연락하고 잘 지내는지 안부를 물어보십시오. SNS상에서 더 긴밀히 소통하십시오. 절대 회사 이야기나 좋지 않은 이야기를 하면 안 됩니다. 여러분의 인간적인 매력과 네트워크 마케팅 사업을 향한 열정만 보여주십시오.

SNS에 투자하는 시간은 하루 10분이면 충분합니다. 화장실에 갔을 때, 대중교통을 이용할 때 유튜브나 게임을 하는 것이 아니라 SNS에 투자하십시오. 일주일에 1명 정도의 리더와 미팅을 꾸준히 이어가면 분명 여러분과 인연이 닿는 사람이 나타날 겁니다.

또 하나의 비법으로 그 리더들과 소통하는 사람들도 모두 친구로 추가하기 바랍니다. 요즘 SNS는 누가 '좋아요'를 눌렀는지, 댓글을 달았는지 모두 검색해볼 수 있습니다. 그들을 모두 친구로 추가하기 바랍니다. 리더에게 '좋아요'를 누르는 사람은 대개 자사나 타사의 리더일 가능성이 큽니다. 리더의 인맥을 검색하는 번거로움 없이 한 번에 가져갈 수 있는 절호의 기회입니다. 적극 활용하기 바랍니다.

여기서 핵심은 여러분의 인간적인 매력과 사업에 보이는 지속적인 열정입니다. 이것만 기억하고 지금부터 리더와의 접촉을 계속 이어가기 바랍니다. 그들 중에는 분명 여러분을 기억하는 리더가 생겨날 테고, 그러면 그들이 회사를 옮겨야 하는 타이밍에 놓일 때 가장 먼저 여러분에게 상담을 할 것입니다.

인스타그램과 페이스북에서 '좋아요' 버튼을 누른 사람을 클릭했을 때 나오는 명단

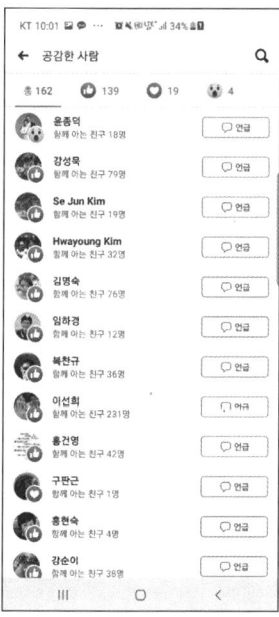

# 4장
기본으로 돌아가라

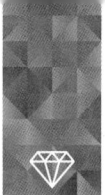

01
진짜 다이아몬드 vs. 깡통 다이아몬드

지금까지 초단기간에 다이아몬드 직급까지 승급하는 10가지 비법을 소개했습니다. 제가 실제로 두 번 적용해 두 번 모두 다이아몬드 직급을 성취한 방법이므로 다이아몬드 직급을 꿈꾸는 사람이라면 적극 활용하기 바랍니다.

이제 제가 살펴보려 하는 것은 진짜 다이아몬드와 깡통 다이아몬드 이야기입니다. 많은 사람이 다이아몬드를 성취하면 매달 수천만 원의 소득을 올리고 다음 단계를 거쳐 로열크라운까지 빠르게 승급할 것이라고 기대합니다. 그런데 아쉽게도 다이아몬드로 승급하면 이후 새로운 시작이 기나랍니다.

정말 많은 회사의 다이아몬드 직급자가 일명 '깡통 다이아몬드'입니다. 직급과 핀은 다이아몬드지만 실제 소득은 다이아몬드 직급자에 미치지 못하는 사람을 깡통 다이아몬드라고 합니다. 바이너리 사업에서는 최고직급과 유지직급이 나누어지는데 통상 유지직급은 최고직급 아래를 유지하면 양호, 두 직급 아래를 유지하면 보통, 세 직급 아래일 경우 깡통 직급이라고 합니다. 즉,

최고직급은 다이아몬드인데 현재 유지직급이 실버라면 깡통 다이아몬드라는 얘기입니다. 대한민국 다이아몬드 직급자 중 이러한 깡통 다이아몬드가 50퍼센트 이상을 차지합니다.

깡통 다이아몬드인지 아닌지 판단할 때 가장 좋은 것이 '마이오피스'의 공개 여부입니다. 주마다 매출과 소득이 많은 다이아몬드 직급자는 이런저런 얘기를 하기보다 자신의 소득을 한 번에 보여주는 마이오피스를 공개함으로써 사업 비전을 전달합니다. 산하 파트너뿐 아니라 리크루팅하려는 대상에게 자신의 마이오피스를 보여주지 못하는 사람은 대부분 깡통 다이아몬드입니다.

이들이 깡통 다이아몬드로 전락한 이유는 다음과 같습니다. 여러분 자신의 이야기가 될 수도 있으니 주의 깊게 살펴보기 바랍니다.

💎 사재기로 다이아몬드가 된 경우

다이아몬드 승급 매출이 부족한 나머지 자신이 직접 구매하거나 파트너 사장들의 구매를 유도해 억지로 다이아몬드 매출을 맞춘 경우로 다이아몬드 승급에서 최악의 사례입니다. 이때 다이아몬드 승급은 이루지만 적게는 수백만 원에서 많게는 수천만 원의 빚을 집니다. 수억 단위의 빚을 지는 사람도 있습니다. 안됐지만 유령 회원으로 매출을 만든 탓에 다음 달 수당이 급격히 떨어지고 맙니다. 다이아몬드 직급자라 체면을 차리기 위해 외제차, 고급시계, 명품 옷 등을 소비하면서 빚은 더 늘어납니다. 이는 상당수의 깡통 다이아몬드가 겪는 문제입니다.

💎 골든타임을 놓친 경우

다이아몬드 승급 후 샴페인을 너무 일찍 터뜨리는 바람에 깡통 다이아몬드로 전락하는 경우입니다. 일반적으로 몇 년간 멤버십을 다져서 다이아몬드 승급을 이루지 않는 이상 다이아몬드 승급 후 다음의 과정으로 슬럼프를 겪을 가능성이 큽니다.

보통 다이아몬드 승급 타이밍에는 사업자가 급격히 유입됩니다. 한순간에 사업자기 100~200명이나 급격히 늘어나지요. 여기저기서 승급자가 나오면서 희망과 열정이 대단할 때입니다. 그런데 이 열정은 2주 정도 지나면 급속히 식기 시작하며 한 달이 지날 경우 사업자 중 50퍼센트 이상이 시스템에 참여하지 않습니다. 이처럼 시스템에 참여하는 숫자가 줄어들면 매출과 함께 소득이 빠른 시간 내에 하락합니다.

그 원인은 다이아몬드 승급에 취해 사업자들의 성공적인 사업 안착을 게을리 한 데 있습니다. 다이아몬드 승급이 이뤄지는 시점에는 흔히 사업자가 갑자기 대폭 늘어납니다. 이때 갑작스레 매출과 수당이 크게 잡히기 때문에 다이아몬드 승급자는 긴장의 끈을 놓고 새로 사업을 시작한 사업자들을 사업에 안착시킬 골든타임을 놓쳐버립니다. 결국 일정 시간이 지나면 매출이 급격히 떨어지는 슬럼프를 겪는데 이 시간을 극복하지 못할 경우 깡통 다이아몬드가 되어버립니다.

골든타임은 사업을 시작하고 나서 대체로 48시간이며 길어야 2주입니다. 네트워크 마케팅 사업에는 이런 말이 있습니다.

"열정이 떨어진 사업자를 되살리는 것이 새로운 사업자를 찾는 것보다 훨씬 더 어렵다."

다이아몬드 승급은 축하할 일이지만 신규 사업자의 골든타임을 놓치는 순간 그 조직은 빠르게 식어버린다는 교훈을 절대 잊지 않기 바랍니다.

♦ 다이아몬드병에 빠진 경우

아주 많은 다이아몬드 사업자가 승급 이후 초심을 잃고 이른바 '다이아몬드병'에 빠집니다. 가령 거만해지고 사업자를 무시하는 등 예전과 다른 모습을 보이는 사람이 많습니다. 이런 사람은 다이아몬드라는 성공이 오히려 독으로 작용해 핵심 멤버가 빠져나가는 최악의 상황에 놓이기도 합니다.

  지금까지 상당수 다이아몬드 성취자가 공통적으로 겪는 문제를 설명했습니다. 다시 한 번 강조하자면 여러분에게 1차 목표는 다이아몬드 승급이지만 이것이 최종 목표는 아닙니다. 다이아몬드를 성취할 경우 회사의 최고직급자인 로열크라운까지 가겠다는 2차 목표를 세워 진정한 권리소득을 얻는 유지 다이아몬드 이상의 직급자가 되어야 합니다.

02
결국에는 개인 브랜드가 결정한다

이제 마지막 이야기를 소개하겠습니다. 이것은 다이아몬드 승급과 별개로 여러분이 네트워크 마케팅 사업을 평생 하겠다고 결심했다면 꼭 실행했으면 하는 내용입니다.

먼저 한 상황을 가정해보겠습니다.

누군가가 여러분과 함께 네트워크 마케팅 사업을 하겠다고 찾아왔습니다. 만약 그가 리더라면 어떨까요? 아마 '내가 전생에 나라라도 구했나보다'라는 생각이 들 정도로 행복할 겁니다. 아주 많은 사업자가 바쁘다고 말합니다. 본업하랴 네트워크 마케팅 사업하랴 정신이 없다고 합니다. 그러나 정작 네트워크 마케팅 사업에 집중하는 시간은 하루에 불과 1시간도 되지 않는 네트워크 마케터가 대부분입니다.

바쁘게 사는 것은 중요한 일이지만 효율적으로 살지 않으면 성과가 나지 않습니다. 네트워크 마케팅 사업은 긴 호흡으로 접근해야 성공하는 사업입니다. 파이프라인, 즉 조직을 갖추기까지는 분명 시간이 걸리므로 이 시간 동안 조직 구축과 함께 나를 대표

하는 브랜드를 개발하길 권합니다.

네트워크 마케팅의 특성상 초기에 명단을 만들고 그들을 접촉하는 반복 작업을 계속하다 보면 명단은 점차 줄어듭니다. 이 사업에서 명단이 줄어드는 것은 치명적인 일입니다. 그러므로 자연스럽게 명단이 늘어나는 구조를 만들어가야 하는데 가장 효과적인 방법이 개인 브랜드를 개발하고 키워가는 것입니다.

저는 사업 초기부터 유튜브에서 '왕초보 네트워커를 위한 성공 가이드 채널-유신TV'를 운영해왔습니다. 매일 사업에서 겪은 시행착오를 5분 동영상으로 만들어 올리기 시작한 겁니다. 이 책을 쓰는 현재 시점을 기준으로 400편의 동영상을 올렸고 누적 조회수 100만, 구독자수는 6,000명을 넘어섰습니다.

제가 유신TV에 투자하는 시간은 일주일에 1~2시간이지만 한 달에 적게는 5명, 많게는 20명의 사업자가 사업을 함께하자며 찾아옵니다. 흥미로운 사실은 그들 중 상당수가 셀프리더감이라는 점입니다. 이들은 네트워크 마케팅 경험자뿐 아니라 비경험자도 사업으로 자신의 삶을 적극 개척하고자 하는 의지가 강해서 사업 속도가 다른 사람들보다 배 이상 빠릅니다. 덕분에 저는 명단에서 사업자를 찾기 위해 거절에 거절을 받으며 사업을 하던 때에 비해 아주 편하게 사업을 진행하고 있습니다. 만약 유신TV가 이대로 성장을 지속한다면 5년 내에 구독자수 10만 명, 누적 조회수 1,000만을 넘을 것으로 예상합니다. 그러면 제 산하 파트너는 얼마나 늘어날까요? 상상만 해도 즐겁습니다.

1명의 사업자를 만드는 데는 정말 많은 비용과 노력이 들어갑니다. 그렇지만 개인 브랜드를 잘 키워 사람들이 그 브랜드로 자연스럽게 찾아오는 구조를 만들면 사업 성장에 가속도가 붙을 것입니다.

그럼 개인 브랜드를 만드는 순서를 알아봅시다. 많은 사람이 개인 브랜드 구축을 원하지만 어떻게 해야 할지 막연해하며 손을 놓고 있습니다. 제 주특기가 바로 막연함을 해결하는 것이지요! 지금부터 사람들이 찾아오는 인바운드 리크루팅을 위한 개인 브랜드 만들기를 살펴봅시다.

1 순서 1 - **누구를 목표로 브랜드를 만들 것인가?**

브랜드를 구상할 때는 내가 만들 조직에 어떤 분을 모셔오고 싶다는 목표를 세우고 브랜드를 만드는 것이 좋습니다. 이를 타깃팅Targeting이라고 합니다. 예를 들어 30대 육아맘을 중심으로 조직을 구축하고 싶다면 이들이 가장 관심을 보일 만한 '재택부업', '친환경', '무독성' 등을 주제로 한 브랜드를 만들면 됩니다. 50대 은퇴자를 타깃으로 삼는다면 '인생2막', '미래 먹거리', '평생 직업' 같은 주제로 브랜드를 만드십시오.

2 순서 2 – 자신의 경력, 자신이 좋아하는 범주에서 최종 브랜드를 완성한다

개인 브랜드를 만들 때 제일 중요한 것은 자신의 기존 경력을 잘 활용하는 동시에 앞으로 전문가가 되고자 하는 분야를 선정하는 일입니다. 직장 경력, 교육 경력이 있다면 이를 살려 자신만의 브랜드를 만들 수 있습니다. 내세울 경력이 없을 경우 자신의 관심사를 근간으로 브랜드를 만드는 것도 한 방법입니다. 예를 들어 다이어트를 해야 하는 상황이고 경력이 없는 주부라면 다이어트를 근간으로 자신의 브랜드를 만들어도 좋습니다. 직장생활을 오래 했는데 부업 플랜을 고민하다가 네트워크 마케팅 사업을 시작했다면 '직장인 플랜B 전문가' 같은 콘셉트를 잡아도 괜찮습니다. 여러분의 이해를 돕기 위해 몇 가지 브랜드 만들기 사례를 들어보겠습니다.

💎 CASE 1. **김유신 사례**

저는 교육 업계에 오래 종사한 터라 처음에는 '네트워크 마케팅 교육 전문가'라는 막연한 브랜드를 생각했습니다. 그런데 타깃을 정하려 했더니 마땅히 떠오르는 타깃이 없더군요. 더구나 네트워크 마케팅 사업을 해본 적이 없어서 그런지 누구를 타깃으로 사업을 펼쳐야 할지 감이 오지 않았습니다. 몇날 며칠을 고민하다 결국 브랜드 만드는 일을 포기했습니다.

제게는 어릴 적부터 길러온 짧게 일기를 쓰는 버릇이 있습니다. 네트워크 마케팅 사업을 진행할 때도 매일 있었던 일을 일기로 적었는데 몇 개월 쓰고 나니 하나의 성장 일기가 되더군요. 저는 일기에서 왕초보 네트워커로 시작해 매일 시행착오를 겪으며 성장해온 제 모습을 발견하고 '왕초보 네트워크 마케터가 다이아몬드로 성장해가는 과정을 보여주면 어떨까?'라는 막연한 물음을 던졌습니다. 그 과정에서 나온 것이 '왕초보 네트워크 마케터를 위한 성공 전략가'라는 브랜드입니다. 저는 일기로 쓴 내용을 동영상으로 제작해 매일 올리기 시작했고 결국 '왕초보 네트워크 마케터를 위한 성공 가이드 채널-유신TV'가 만들어졌습니다.

이제 2년 정도 지난 시점이라 저는 왕초보 네트워크 마케터 분야에서 어느 정도 입지를 다졌습니다. 그러자 다이아몬드 2관왕이라는 타이틀과 경험이 있으니 또 다른 브랜드를 키워야겠다는 생각이 들더군요. 그래서 외식업계의 백종원 대표가 자신의 경험과 능력을 바탕으로 외식 자영업자의 성공을 돕는 멘토 역할을 하듯, 저도 그동안의 성공 노하우를 바탕으로 왕초보 네트워크 마케터를 위한 멘토 역할을 해야겠다는 결심으로 브랜드를 조금씩 키워가고 있습니다. 얼마 전 시작한 유신TV의 새로운 채널 '김유신의 골목 다단계'는 실패한 네트워커에게 1:1로 무료 컨설팅을 해주는 프로그램으로 이것은 제가 이 브랜드를 키우기 위해 마련한 코너입니다.

CASE 2. 50대 대전 뚱땡이

제 사업 파트너 중 1명은 여러 네트워크 마케팅 사업을 시도했다가 실패한 사람입니다. 네트워크 마케팅 사업의 비전을 보았지만 지인을 많이 잃는 바람에 사업을 어떻게 펼쳐가야 할지 고민하던 분이지요. 그녀는 SNS 마케팅으로 새로운 명단을 찾아내고 싶다는 의견을 내놓았습니다.

네트워크 마케팅 사업에서 개인을 주제로 브랜드를 만들기 어렵다면 자사 제품을 이용해 다이어트에 집중하는 것도 좋습니다. 사람에게 최고의 성형은 다이어트입니다. 몸무게를 10퍼센트 줄이면 사람들은 자연스럽게 그 방법을 물어봅니다. 자신을 아름답게 바꾸면서 가장 쉽게 사업을 하는 방법이 바로 다이어트입니다.

그 사업자도 살이 많이 찐 상황이라 저는 다이어트 제품으로 10킬로그램을 빼보라고 권했습니다. 그리고 매일 자신의 사진을 찍어 변해가는 모습을 가장 자신 있는 SNS에 공개하라고 했습니다. 그녀가 50대라 타깃을 50대로 하고 지역까지 대전으로 좁혔습니다. 그리고 친근감을 주도록 뚱땡이라는 애칭을 넣어 '50대 대전 뚱땡이의 아름다워지는 일기'라는 콘셉트로 브랜드를 만들어주었습니다.

제품을 기반으로 다이어트를 하면서 변해가는 자신의 모습을 담은 사진, 영향, 콘텐츠를 SNS에 남기고 홍보하는 것만으로도 1년 후 그 사업자에게는 많은 변화가 생길 겁니다. 분명 다이어트가 필요한 대전에 사는 50대 여성들 덕분에 소비자와 사업자가 인바운드로 들어올 가능성이 큽니다.

3 순서 3 – **매일의 일상을 콘텐츠로 만든다**

브랜드의 방향성을 잡은 뒤에는 콘텐츠를 만들어야 합니다. 개인 브랜드의 핵심은 바로 콘텐츠입니다. 그런데 많은 사람이 콘텐츠를 만들 때 가장 어려워합니다. 다른 사람들의 콘텐츠를 보고 잘 만들어야 한다는 강박관념에 사로잡히기 때문입니다. 결론부터 말하자면 지금 최고의 콘텐츠를 자랑하는 사람들도 처음부터 잘한 것은 아닙니다. 눈높이를 낮추고 그냥 시작하는 것이 제일 중요합니다.

아주 쉬운 콘텐츠 만들기 비법이 있습니다. 바로 일기입니다. 일기로 매일 여러분의 일상을 콘텐츠로 만드는 것이지요. 이 콘텐츠에 얼마나 가치가 있겠느냐고요? 외국 사례지만 이런 일이 있었습니다. 매일 자신이 먹은 식단표를 5년간 사진으로 찍어둔 사람이 그 사진을 5천만 원을 받고 한 제약회사에 팔았습니다. 하루는 약하지만 그게 1년이 되고 5년이 되면 막강한 콘텐츠로 발전합니다.

여러분에게 특별한 무언가가 없다면 네트워크 마케팅 사업을 시작한 날부터 '왕초보 네트워커 일기'를 써보기 바랍니다. 브랜드를 정했다면 그 브랜드 주제에 맞게 매일 겪는 거절의 고통, 돈을 버는 재미, 파트너가 생기면서 일어나는 다양한 일화를 일기로 쓰면 됩니다.

다이어트를 브랜드로 잡았다면 현재의 일상, 사진, 영상 등을 찍어 여러분의 SNS에 올리십시오. 양이 어느 정도 모이면 그 어떤 콘텐츠보다 현장감 있고 노하우로 가득한 콘텐츠로 부상할 것입니다.

요즘 콘텐츠 트렌드는 '전문성'보다 '공감'이 우선입니다. 분명 네트워크 마케팅 사업을 하는 사업자 중 여러분의 콘텐츠에 공감하는 사람이 생길 겁니다. 그럼 인바운드 리크루팅이 가능해지겠지요.

사실 개인 브랜드를 만들려면 꾸준한 투자와 시간이 필요합니다. 그렇지만 네트워크 마케팅 사업은 평생 하는 사업임을 기억하십시오. 자신의 시간 중 일부를 투자해 매일 브랜드를 쌓아가기 바랍니다. 결국 그 브랜드 덕분에 수많은 리더가 여러분의 사업에 합류해 수백만 명의 멤버십을 갖춘 커다란 자산을 쌓을 것입니다.

마치며

지극히 현실적으로
다이아몬드 승급을 앞당겨주는 책

저는 이 책을 쓰는 시점에 이미 네 권의 책 원고를 완성했습니다. 사실 이 책은 가장 적은 분량으로 기획한 것이라 한 달 내에 원고를 마무리하려 했으나 어쩌다 보니 세 달이나 걸렸습니다. 원고를 거의 100번 넘게 수정했기 때문입니다. 그 이유는 과연 내가 여기에 제시한 10가지 솔루션으로 다이아몬드 직급자를 이룬 것인지 의문이 생겨서입니다. 그 의문이 사라질 때까지 저는 고치고 또 고쳤습니다.

이 책은 분명 호불호가 명확히 갈릴 것입니다. '이 방법은 평범한 사람이 실행하기 어렵다'라며 거리를 두는 사람이 있을지도 모릅니다.

솔직히 고백하자면 이 책은 월 200만 원 정도의 소득을 얻고자 하는 네트워커에게 어울리는 책은 아닙니다. 그러나 네트워크 마케팅 사업으로 인생을 바꾸고자 하는 사람에게는 그야말로 다이아몬드 승급을 앞당겨주는 현실적인 방법을 제시하고 있습니다.

이제 저는 새로운 목표를 향해 달려가고 있습니다. 바로 한 회사의 최고직급자인 로열크라운이 되겠다는 목표입니다. 로열크라운이 되는 모든 과정은 시행착오나 지뢰밭을 피할 수 있도록 유신TV와 다음 책에서 가이드를 제공할 생각입니다. 빠른 시간 내에 로열크라운 직급을 성취한 뒤 가장 빨리 최고직급자로 가는 비법을 들고 다시 찾아뵙겠습니다.

정상에서 만납시다.

초단기 다이아몬드 되는 10가지 비법

초판 1쇄 발행 | 2020년 1월 6일
출판등록번호 | 제2017-000004

펴낸곳 | 에스북
지은이 | 김유신, 김연선, 박민숙
펴낸이 | 서 설

잘못된 책은 바꿔드립니다.
가격은 표지 뒷면에 있습니다.

ISBN 979-11-89286-05-7

주소 | 경기도 하남시 미사강변대로 240
전화 | 031-793-4680
팩스 | 031-624-1549
메일 | sbookclub@naver.com

Copyright ⓒ 2017 by 에스북
이 책은 에스북이 저작권자와의 계약에 따라 발행한 것이므로 본사의 서면
허락 없이는 어떠한 형태나 수단으로도 이 책의 내용을 이용하지 못합니다.